RELIGIÕES AFRICANAS

Coleção África e os Africanos
Coordenadores:
Álvaro Pereira do Nascimento – Universidade Federal Rural do Rio de Janeiro (UFRRJ)
José Costa D'Assunção Barros – Universidade Federal Rural do Rio de Janeiro (UFRRJ)
José Jorge Siqueira – Universidade Federal do Maranhão (UFMA)

Conselho consultivo:
Alexsander Gebara – Universidade Federal Fluminense (UFF)
Kabengele Munanga – Universidade de São Paulo (USP)
Mariza Soares – Universidade Federal Fluminense (UFF)
Mônica Lima – Universidade Federal do Rio de Janeiro (UFRJ)
Nei Lopes – Universidade Federal Rural do Rio de Janeiro (UFRRJ)
Robert Wayne Slenes – Universidade Estadual de Campinas (Unicamp)
Selma Pantoja – Universidade de Brasília (UnB)

Dados Internacionais de Catalogação na Publicação (CIP)
(Câmara Brasileira do Livro, SP, Brasil)

Olupọna, Jacob K.
　Religiões africanas : Uma brevíssima introdução / Jacob K. Olupọna ; tradução de Fábio Roberto Lucas. – Petrópolis, RJ : Vozes, 2023. – (África e os Africanos)

Título original: African religions
ISBN 978-65-5713-983-7

1. África – Religião 2. África – Vida religiosa e costumes 3. Antropologia – África I. Título III. Série.

23-151012   CDD-299.960951

Índices para catálogo sistemático:
1. África : Religião 299.960951

Aline Graziele Benitez – Bibliotecária – CRB-1/3129

RELIGIÕES AFRICANAS

Uma brevíssima
introdução

JACOB K. OLUPỌNA

Tradução de Fábio Roberto Lucas

EDITORA
VOZES

Petrópolis

© Oxford University Press 2014.
Esta obra foi publicada originalmente em inglês no ano de 2014. A presente tradução é publicada mediante acordo com a Oxford University Press. A Editora Vozes é a única responsável por esta tradução e a Oxford University Press não se responsabiliza por qualquer erro, omissão ou informações imprecisas ou ambíguas eventualmente encontradas ou por qualquer perda causada pela confiança nela depositada.

Tradução realizada a partir do original em inglês intitulado *African Religions: A Very Short Introduction*.

Direitos de publicação em língua portuguesa – Brasil.
2023, Editora Vozes Ltda.
Rua Frei Luís, 100
25689-900 Petrópolis, RJ
www.vozes.com.br
Brasil

Todos os direitos reservados. Nenhuma parte desta obra poderá ser reproduzida ou transmitida por qualquer forma e/ou quaisquer meios (eletrônico ou mecânico, incluindo fotocópia e gravação) ou arquivada em qualquer sistema ou banco de dados sem permissão escrita da editora.

CONSELHO EDITORIAL

Diretor
Volney J. Berkenbrock

Editores
Aline dos Santos Carneiro
Edrian Josué Pasini
Marilac Loraine Oleniki
Welder Lancieri Marchini

Conselheiros
Elói Dionísio Piva
Francisco Morás
Gilberto Gonçalves Garcia
Ludovico Garmus
Teobaldo Heidemann

Secretário executivo
Leonardo A.R.T. dos Santos

Editoração: Débora Spanamberg Wink
Diagramação: Raquel Nascimento
Revisão gráfica: Alessandra Karl
Capa: Editora Vozes

ISBN 978-65-5713-983-7 (Brasil)
ISBN 978-0-19-979058-6 (Reino Unido)

Este livro foi composto e impresso pela Editora Vozes Ltda.

Este livro é dedicado aos meus alunos do passado e do presente, em apreciação por suas ideias, sua diligência, sua inspiração e seu encorajamento, ao me darem esperança durante minhas horas de desespero diante da situação dos estudos sobre a África.

SUMÁRIO

Lista de ilustrações, 9
Agradecimentos, 11
Prefácio, 13
1 Visão de mundo, cosmologia e mitos de origem, 21
  Visões de mundo, 21
  Cosmologia e mitos, 25
2 Deuses, ancestrais e seres espirituais, 42
  O Ser Supremo como força entre nós, 46
  O Ser Supremo como criador distante, 49
  Ancestrais, 50
  Divindades em conflito, 56
3 Autoridade sagrada: reinado divino, sacerdotes e videntes, 62
  Divinação mediúnica, 66
  Divinação: instrumentos e textos sagrados, 69
  Bruxaria e feitiçaria, 74
4 Cerimônias, festivais e rituais, 82
  Ritos de passagem, 82
  Ritos do calendário, 87

Ritos funerários, 89

Ritos matrimoniais, 92

Rituais e modernidade, 94

Festivais, 96

5 Artes sacras e *performances* rituais, 99

   Arte na celebração religiosa, 104

   Artefatos de contas e missangas, 108

   Oralidade e música: a *performance* nas religiões africanas, 110

   Arte divinatória, 112

   Arte corporal e estilo, 113

6 Cristianismo e islamismo na África, 117

   Primeiro contato, 117

   Desdobramentos posteriores, 120

   Colonialismo e depois, 125

7 Religiões africanas hoje, 134

   Religiões da diáspora africana, 139

   Religiões de imigrantes africanos, 141

   A nova onda de religiões africanas, 148

Referências, 153

Leituras complementares, 161

Índice, 173

Lista de ilustrações

1 Tradição de máscaras Gèlèdè dos Iorubás,
Revista *People's Culture*

2 O falecido Ooni de Ifé, Sir Adesoji Aderemi, durante o festival Olojo, Ifé, Nigéria, 66
Fotografia do falecido William Bascom; cortesia de Berta Bascom

3 Sessão de divinação Ifá, sudoeste da Nigéria, 70
Com permissão de John Pemberton III

4 Celebração do Lava-Pés entre os Maundy, Etiópia, 1974, 97
Fotografia de Marilyn E. Heldman © 2013

5 Mascarada Zambeto em Ouidah, Benim, 101
Fotografia de Henry J. Drewal

6 Objeto fetiche do Congo, África Central, aprox. 1880-1920, 104
Biblioteca de Imagens Ciência e Sociedade (SSPL)/Science Museum/Art Resource, Nova York

7 Cerimônia na Igreja Shembe no Domingo de Ramos, perto de Durban, África do Sul, 130
Fotografia de Henry John Drewal. Arquivos Fotográficos Eliot Elisofon, da Smithsonian Institution

8 Mesquita em Touba, Senegal, 132
Fotografia de "Tinofrey", 27 de outubro de 2003

9

9 Obá Ẹfuntọlá Oseijeman Adélabú Adéfuńmi I, antigo rei do Vilarejo Oyotunji, 138
Coleção da Comunidade Vilarejo Oyotunji

Agradecimentos

Foi um exercício bastante interessante trabalhar nesta breve introdução às religiões africanas. Permitam-me agradecer aos meus assistentes de pesquisa, que ajudaram na análise de alguns dos materiais deste livro: Lisanne Norman, Kyrah Daniels, Venise Battle, Adam McGee, Ayodeji Ogunnaike e Sheila Winborne. Aos museus e aos meus colegas que me permitiram usar as fotografias de suas coleções neste livro, eu digo um grande obrigado.

PREFÁCIO

A fim de fornecer um quadro mais completo das religiões africanas, devemos utilizar distinções mais produtivas entre o estudo da religião africana como objeto e o estudo da religião africana como tema. A grande maioria dos escritos sobre religiões africanas tem tratado a África como o Outro, destacando suas diferenças em relação à cultura ocidental e, em muitos casos, concebendo tais diferenças como deficiências. Muitos dos maiores pensadores e artistas do Ocidente, de modo infeliz, usaram a África como uma tela na qual poderiam projetar seus piores pesadelos e ansiedades racistas. Georg Wilhelm Friedrich Hegel via na África uma terra de primitivismo, que nada tinha a contribuir à civilização. Joseph Conrad (2009) usou o continente africano como uma metáfora para as profundezas mais sombrias da alma humana. O presidente da França, Nicolas Sarkozy, em um discurso aos estudantes da Universidade de Dakar, igualmente depreciou a história e os mitos africanos ao afirmar que a contínua adesão do continente a seu passado mítico é responsável por seu subdesenvolvimento e seu ciclo de pobreza. "A tragédia da África é que os africanos não entraram plenamente na história [...] Eles nunca se lançaram no futuro de verdade", afirmou Sarkozy. E continuou o insulto, dizendo isto: "O camponês africano só conhecia a eterna renovação do tempo, marcada pela repetição interminável dos mesmos gestos e das mesmas palavras". Outros fragmentos podem ser vistos em Ba (2007). Esses comentários, infelizmente, assemelham-se à descrição da espiritualidade nativa feita pelo falecido Mircea Eliade (2005, p. 86). Sarkozy ignorou toda a interferência do Ocidente em questões africanas, no contexto neocolonial cinquenta anos após a independência, neocolonialismo que continuou a minar o crescimento e a prosperidade social e econômica do continente. A essa altura, a África já tinha há muito tempo sua própria tradição de intelectuais. Essa tradição começou ainda em seu passado ancestral, durante o período pré-colonial, quando artistas, agentes e intérpretes das tradições orais da África – tais como videntes, griôs e afins – foram objeto de inveja dos primeiros exploradores europeus, que se maravilharam com a criatividade e a perspicaz inteligência deles. Durante o século XIV, os estudos formais em ciências, artes e medicina começaram na África Ocidental, conforme as universidades islâmicas eram instituídas nos impérios medievais de Mali, Songai e Canem-Bornu. No século XV, missionários católicos chegaram a Warri, ao Congo e ao Reino do Benim, enquanto aventureiros europeus, a maioria sem formação intelectual, visitaram a África e retornaram à Europa para registrar suas descobertas, relativas aos primeiros estudos conhecidos das tradições religiosas nativas do continente africano. Tais estudos acabaram contribuindo diretamente para a pilhagem da África pela Europa, pois davam evidências da suposta inferioridade da cultura africana e da necessidade de os africanos serem conduzidos à força, pelos europeus, em direção à "civilização". Tal ideologia teve uma captação sutil pelo lema belga para seu reinado assassino no Congo: *dominer pour servir* (dominar para servir). Muitos estudiosos europeus antigos viram as religiões nativas africanas como primitivas em comparação com o cristianismo e promoveram a ideia de que a mente africana e seu sistema de pensamento seriam inferiores aos dos europeus. Os africanos foram considerados incapazes de produzir tradições religiosas significativas e sofisticadas e desprovidos do "verdadeiro conhecimento" de um Deus Supremo. Se alguma coisa das civilizações africanas e de seus sistemas de crenças religiosas mostrasse um nível de sofisticação que parecesse contrário a tais crenças, então se postulava que tais elementos deveriam ter se originado em outro lugar e depois sido transportados para o continente africano. Tais visões, chamadas de "difusionistas", sustentavam que as culturas do oeste e do centro-oeste africano haviam gradualmente "se espraiado" sobre o continente – em forma degradada, é óbvio – a partir dos grandes centros mediterrâneos da civilização. Assim, os primeiros estudos sobre a África e as religiões africanas refletiam um racismo pernicioso, que tornava impossível qualquer tipo de sensibilidade à espiritualidade humana necessária para uma genuína apreciação da profunda e inspiradora cultura religiosa da África.

Alguns dos primeiros escritos mais sérios sobre religiões africanas foram produzidos por missionários europeus enviados à África para difundir o cristianismo. Para esses missionários, o estudo da religião africana era, em última instância, uma *preparatio evangelia* ("preparação evangélica"), um passo necessário para determinar a forma mais eficiente de converter africanos ao cristianismo. Essas atividades missionárias raramente eram desinteressadas e tendiam a acompanhar esforços para estabelecer o comércio e o colonialismo. Em resumo, cristãos eram considerados mais capazes de se tornarem melhores parceiros comerciais e trabalhadores. Entretanto, embora possamos achar tal motivação intragável ao extremo, resta que alguns desses relatos missionários forneceram valiosos conhecimentos históricos sobre as religiões africanas e sobre a vida na África de forma mais ampla.

Na década de 1960, as universidades africanas encorajaram um estudo revitalizado das religiões do continente, refletindo a nova condição dos Estados-nação da África e o espírito emergente de liberdade e orgulho. Na Nigéria, na Uganda, no Quênia, em Gana e outros lugares, as instituições africanas de ensino superior reconheceram seu pluralismo religioso e promoveram o estudo do Islã e das religiões tradicionais da África ao lado do cristianismo. Inspirada pela independência política, uma identidade nacional religiosamente pluralista surgiu em muitas regiões, ancorada na crença em um Deus Supremo, que cada uma das três religiões dominantes partilhava. Essa vitalidade religiosa também ajudou o povo africano a resistir à opressão.

Gradualmente, o estudo das religiões africanas desenvolveu-se como um campo autônomo dentro da história comparada da religião. Porém, muitas figuras significativas que ajudaram a desenvolver tal campo foram formadas em estudos religiosos cristãos, e várias em teologia. Esses estudiosos incluíam John Mbiti, Geoffrey Parrinder, Bọ́lájí Ìdòwú e o Padre Placide Tempels. Oriundos de uma formação em estudos religiosos mais convencionais, tais intelectuais, em muitos casos, passaram a estudar e ensinar religiões tradicionais africanas quando reconheceram ser vital que alguém o fizesse. Entretanto, seu treinamento anterior os predispôs a abordar as religiões tradicionais africanas por meio da lente da teologia cristã, razão pela qual o trabalho deles com frequência tem sido criticado pelas gerações posteriores de acadêmicos seculares. Apesar disso, boa parte de suas pesquisas permanecem bem relevantes e de fato constituem clássicos duradouros nesse campo de estudos.

Durante as décadas de 1980 e 1990, os africanos começaram a estudar no exterior em número significativo e crescente. Os acadêmicos que optaram por prosseguir o estudo da religião fora dos seminários muitas vezes desembarcaram nos campos da fenomenologia e da história comparada das religiões. Tais disciplinas abordaram as grandes questões da história, dos sentidos e das funções dos sistemas de crenças por meio de um método comparativo. Além disso, tendiam a focar a relação entre centros e periferias de tradições religiosas. Até recentemente, a preocupação com os "centros" (ou seja, Roma para os católicos, Calistão para os siques, Meca para os muçulmanos e Ifé para os iorubás) gerava um desinteresse pelas formações diásporas das práticas religiosas como temas de estudo. Ao retornar às universidades de sua terra natal, os jovens estudiosos injetaram nos currículos de estudos religiosos um grau de objetividade científica que muitas vezes estava em desacordo com as tendências teológicas e ecumênicas difundidas em seus países de origem. Paradoxalmente, esse período – que coincidiu com a decadência das economias africanas – testemunhou uma renovação nos estudos acadêmicos das religiões do continente.

Esse período também assistiu ao surgimento de numerosos estudiosos britânicos e americanos formados em religiões da África e da diáspora africana. De muitas maneiras, eles moldaram o curso da disciplina durante os últimos trinta anos. O trabalho desses estudiosos é caracterizado tanto pelo compromisso de mobilizar várias disciplinas quanto pela visão da África e da diáspora africana como partes de um grande Atlântico negro, que deve ser visto como uma unidade para se chegar a uma interpretação matizada de sua história religiosa. Alguns estudiosos das religiões africanas estão agora examinando como a religião está implicada nas crises humanas e sociais que dominam os discursos sobre a África – pobreza, degradação ambiental, HIV/aids, doenças, corrupção, violência étnica e religiosa, guerra civil. Uma vez que a religião, tal como os conflitos étnicos, é identificada como uma fonte de conflitos violentos em todo o continente, tais estudiosos estão de igual modo engajados em diversas questões de política e gestão pública dedicadas à amenização das crises que o continente enfrenta. O estudioso "neutro", socialmente desengajado, que outrora dominou o estudo da religião africana, é cada vez mais visto como ineficaz ao discutir um continente em crise. Os intelectuais africanos de hoje sentem-se moralmente obrigados a tratar da religião no que diz respeito às preocupações humanas imediatas e urgentes e, como tal, servem de modelo para toda a academia.

Uma nova geração de estudiosos de religiões da África e da diáspora africana está fazendo um rompimento radical com as tendências anteriores. Aqueles que estudam as formações do Atlântico negro estão focalizando a prevalência e a transformação das práticas religiosas e cosmologias africanas nas Américas e analisando histórias sociais e práticas culturais dos africanos escravizados e transportados para o continente americano. Outros estão interessados na difusão das práticas religiosas cristãs e islâmicas entre os africanos da diáspora e empenham-se em rastrear a difusão dessas tradições e sua conversão nos Estados Unidos, na Europa e em outros lugares. Os estudos das religiões da África no Atlântico negro, com o objetivo de compreender a adaptação das práticas africanas nas Américas, têm se concentrado nas comunidades religiosas da diáspora africana – comunidades daqueles que sobreviveram à escravidão e de seus descendentes, que enfrentaram a segregação racial juntamente com a discriminação sexual e de gênero. Incorporando raça, etnia, gênero e sexualidade como unidades de análise, as abordagens interdisciplinares têm aprimorado bastante o estudo das religiões da diáspora. Esses estudiosos emergentes estão preocupados em desestabilizar as relações tradicionais entre centros e periferia de estudos religiosos e, no lugar delas, concentram-se nos processos de adaptação e invenção religiosa. Como marcadores da vida cultural do Atlântico Negro, as religiões oriundas da África continuam a ser essenciais para entender a vida das pessoas fora do continente africano.

Talvez uma das revoluções mais instigantes atualmente em curso nos estudos de religiões da África e da diáspora africana seja o rápido aumento do número de estudiosos-praticantes. A grande maioria dos acadêmicos que têm estudado as religiões tradicionais do continente africano e sua diáspora são adeptos de outras religiões ou não são religiosos. Contudo, embora a ênfase antropológica na observação participante tenha gerado muitos conhecimentos a respeito das experiências religiosas vividas pelos adeptos, os estudiosos-praticantes argumentam que muitas das *nuances* das religiões da África e sua diáspora permanecem imperceptíveis para aqueles que não são eles próprios devotos. Acadêmicos como Asare Opoku e Wande Abimbola, um tradicional babalaô (adivinho do culto de Ifá), tiveram um impacto decisivo nas questões de que se ocupa o campo, ao insistirem que todos os estudiosos nele envolvidos deveriam levar a sério as preocupações e os interesses dos praticantes.

Que elementos então se mostrarão decisivos para os estudos religiosos da África e da diáspora africana nas próximas décadas? É necessário um novo paradigma que veja a experiência e a expressão religiosa africana por um prisma mais abrangente e holístico. Este livro é uma tentativa de fazer justamente isso, analisando as religiões da África com o uso de uma ampla variedade de lentes disciplinares. Seu objetivo é fornecer uma imagem mais completa daquilo que essas tradições são e fazem por seus praticantes, a fim de inspirar a curiosidade intelectual dos leitores que se deparam com essas tradições pela primeira vez, ao mesmo tempo que incentiva os estudiosos e educadores a pensarem criativamente sobre a melhor maneira de introduzi-las a seus alunos.

1
VISÃO DE MUNDO, COSMOLOGIA E MITOS DE ORIGEM

As religiões africanas são tão diversas quanto o próprio continente africano. A África abriga mais de 50 países, quase todas as formas de sistema ecológico encontradas na Terra e centenas de grupos étnicos que, juntos, falam mais de mil línguas. Não é surpreendente, portanto, que esse enorme leque de povos, culturas e modos de vida também se reflita em uma gama diversificada de expressões religiosas. As visões de mundo religiosas, muitas vezes únicas e exclusivas de grupos étnicos específicos, refletem as identidades das pessoas e estão no centro do modo como elas se relacionam umas com as outras, com outros povos e com o mundo em geral. Essas visões de mundo oriundas de diferentes religiões tanto codificam como influenciam as práticas éticas, os tabus e os conhecimentos particulares de cada grupo.

Visões de mundo

A integração da religião em todos os aspectos da vida cotidiana faz forte contraste com a dicotomia Igreja-Estado mantida nas sociedades euroamericanas; as visões de mundo religiosas africanas permeiam a economia e a política no continente, havendo influência mútua entre as dimensões do sagrado e do secular. Com efeito, o próprio uso do termo "religião" é problemático quando se fala de religiões tradicionais africanas, caso se aborde o tema sem questionar suposições sobre o que é, o que significa e o que faz a religião. Sua separação em relação ao governo, defendida de uma forma ou de outra em quase todas as democracias ocidentais, é baseada em uma visão particular de religião como algo que pode ser retirado da vida pública e posto em quarentena na sua própria esfera.

Embora a separação entre Igreja e Estado tenha, em muitos casos, provado ser mais teórica do que real, o mero fato de que ela seja considerada possível – ou desejável – revela importantes pressupostos ocidentais sobre a natureza da religião, especialmente no que diz respeito à vida comunitária. Para os adeptos das religiões tradicionais africanas, tal separação não é desejável nem possível, porque as crenças religiosas dão forma a todos os aspectos da vida – abrangem nascimento e morte, casamento, dinâmica familiar, dieta, vestuário e cuidados com a saúde (inclusive saúde mental), gasto e economia de dinheiro, interações com amigos e vizinhos e, é óbvio, governança. Em muitas formas tradicionais africanas de governo, não só as autoridades civis eram – e em alguns casos ainda são – juízes de leis e líderes religiosos nomeados divinamente, mas também se acredita que tais autoridades sejam semidivinas. Seria um erro, porém, ver essa fusão da vida diária com a religião como evidência de teocracia religiosa ou fundamentalismo. Pelo contrário, ela se mostra bastante normal e equilibrada quando se parte da suposição de que a religião não se separa de algum modo de si mesma, mas sim é um conjunto variado e diversificado de componentes que tocam cada dimensão da vida.

De fato, a religião na África continua sendo o impulso das esferas privada e pública; ela coloca forte ênfase na ordem moral e social de famílias, clãs, linhagens e interações intraétnicas. Como tal, ela permeia assuntos e condutas diárias das sociedades africanas. A maioria dos grupos sociais africanos tradicionais emprega duas classes de moralidade: as que concernem à conduta individual e as que regem as relações sociais e comunitárias. A moral da comunidade também dita códigos de conduta em nível familiar, mandatos complexos que visam manter o equilíbrio entre parentes, clãs e linhagens maternas e paternas.

Os africanos religiosos, como as pessoas religiosas em toda parte, muitas vezes atribuem origem sobrenatural a seus códigos de conduta, acreditando que eles derivam de espíritos, deuses e ancestrais. Normalmente, as comunidades mantêm esses editos pela observância de tabus e práticas rituais guiadas por sacerdotes, reis e chefes. As religiões tradicionais africanas normalmente lutam pela salvação deste mundo – medida em termos de saúde, riqueza e descendência –, ao mesmo tempo que mantêm contato estreito com o reino de outro mundo, o dos antepassados, espíritos e deuses, que são vistos como detentores de forte influência sobre eventos e pessoas aqui e agora. A prosperidade, a longevidade, a vitalidade e a fertilidade humanas e agrícolas são os objetivos centrais da vida espiritual. No entanto, as adversidades da existência também estão presentes nas concepções africanas sobre o universo.

As tribulações que impedem o sucesso de uma pessoa podem ser originadas por espíritos negativos ou práticas malévolas, tais como bruxaria. Também é possível serem o resultado de negligência das obrigações seculares ou religiosas devidas a antepassados falecidos, aos idosos ou aos santuários familiares. Entre os Ndembu da Zâmbia, um povo banto do sul da África, a doença é vista principalmente não como algo que reside dentro do corpo do paciente, mas sim como uma condição comunitária causada por desequilíbrios nas relações com espíritos, parentes e membros da própria comunidade. A fim de curar o corpo da pessoa, o que realmente deve ser tratado pelo curandeiro são as perturbações sociais e espirituais subjacentes. Embora Victor Turner (1968, p. 52-53) tenha estudado o povo Ndembu em específico, as gerações posteriores de estudiosos mostraram que suas descobertas têm ressonâncias em muitas sociedades africanas tradicionais e até mesmo na vida moderna, uma vez que, como foi comprovado pela própria medicina, o estresse pode levar a certas formas de doença.

Tais práticas justificam o papel proeminente de curandeiros e curandeiras, que se mostram qualificados para navegar no delicado equilíbrio moral e social que existe entre as forças do bem e do mal exercidas sobre o reino humano. Do mesmo modo, videntes e sacerdotes utilizam sonhos e diversas técnicas divinatórias para averiguar revelações pertinentes à comunidade. Não há dúvidas de que as visões de mundo das religiões africanas tradicionais continuam a moldar os acontecimentos na África contemporânea.

A fusão da vida cotidiana com a religião acontece de inúmeras maneiras. Antes do torneio da Copa do Mundo da FIFA 2010 na África do Sul, difundiu-se entre as pessoas afirmações de que os *sangomas* sul-africanos – curandeiros e videntes tradicionais – impactariam de forma mágica o resultado dos jogos. Empregando sua ajuda sobrenatural, alguns acreditavam que poderiam influenciar as partidas em favor de sua equipe nacional. Similarmente, em uma tradicional competição de luta livre, que acabou se transformando no *laamb*, um esporte profissional espetacular do Senegal moderno, os participantes usam substâncias mágicas e religiosas fornecidas por seus líderes espirituais, chamados *marabutos*, para assegurar sua vitória no confronto. Em um caso de implicações mais graves, um governante tradicional sincero (até demais), Obá Akenzua, em Benim, Nigéria, ordenou a seus chefes e sacerdotes que realizassem um ritual contra os incessantes sequestros em sua cidade. Sentindo que o problema não se dissiparia e continuaria a escapar das forças de segurança do Estado, ele solicitou que o ritual fosse realizado como profilaxia contra esse mal.

Embora seja difícil fazer generalizações sobre as visões de mundo tradicionais africanas, um denominador comum entre elas é um modelo em três camadas no qual o mundo humano existe ensanduichado entre o céu e a terra (incluindo o submundo) – um esquema que não é exclusivo da África, pois é encontrado em muitos sistemas religiosos no mundo inteiro. Existe uma fronteira porosa entre o reino humano e o céu, que pertence aos deuses. Nesse contexto, ainda que os ancestrais habitem dentro da terra, suas atividades também interagem com o espaço humano. As cosmologias africanas retratam o universo como fluido, ativo e influenciável, estando os agentes de cada reino em interação constante uns com os outros. Essa visão de mundo integrada leva muitos praticantes das religiões africanas a falar sobre o visível em conjunto com o invisível. Cada objeto vivo e inanimado é potencialmente sagrado em algum nível. Muitos praticantes, por exemplo, reverenciam os animais pela sabedoria que detêm ou por sua potência como oferendas sacrificiais. Da mesma forma, certas ervas são sagradas, e ensinamentos farmacológicos também fazem parte do conhecimento dos sacerdotes e videntes.

Cosmologias e mitos

A flexibilidade que caracteriza as tradições religiosas africanas decorre, em parte, do prestígio das narrativas orais em contraste com as narrativas escritas, cuja suposta atemporalidade lhes confere autoridade. As religiões tradicionais da África são mantidas de forma comunitária e mudam rotineiramente em resposta às experiências e necessidades das pessoas. Dá-se ênfase às crenças centrais — ancestrais, divindades, vidências e mitos sagrados — mais do que a ensinamentos doutrinários uniformes. Mitos sagrados, em especial aqueles referentes à criação do universo (cosmogônicos) ou à natureza e à estrutura do mundo (cosmológicos), descrevem eventos significativos e atores notáveis e fundamentais para a visão de mundo de um povo em particular. Essas histórias sagradas não são estáticas, porque passam por uma reinterpretação à medida que uma geração transmite as narrativas orais para a geração seguinte.

A história e os mitos são considerados portadores da verdade. Em muitas comunidades africanas, os mitos e a história são efetivamente indistinguíveis; ambos pertencem ao mesmo gênero. Entre os Iorubá da Nigéria, a palavra *itàn*, do verbo *tàn* ("espalhar"), é usada para lendas, mitos, história e contos populares. Isso sugere uma definição de história como narrativa que se espalha, o que reforça sua transmissão oral. *Tàn* também se refere ao verbo "iluminar", como na iluminação de uma vela, conotando assim a presença de sentidos iluminados nas narrativas.

Vale notar que os mitos da criação às vezes se misturam aos mitos sobre as origens de uma cultura ou uma instituição social. Um mito do povo de Iatenga do Norte, em Burkina Faso, expõe essa mistura. Dois grupos compõem tal povo: o Foulse e o Nioniosse. De acordo com esse mito, o primeiro desceu do céu, e o segundo emergiu da terra. Por essa razão, governantes, chefes e reis muitas vezes vêm do Foulse, enquanto os líderes em ritos relacionados à fertilidade da terra originam-se do Nioniosse. A complementaridade entre terra e céu é paralela às funções igualmente necessárias que ambos os grupos cumprem na sociedade Iatenga. Muitas tradições religiosas ocidentais, se pressionadas, identificam o céu como o lar da divindade e o espaço sob a terra como algo desagradável, ruim ou completamente maligno. Em contraste, muitas cosmologias africanas postulam que o céu e a terra são ambos moradas divinas, onde a criação e a ação dos deuses acontecem.

Qual é a definição de "mito" enquanto tal? Como termo comparativo, em geral ele não é utilizado pelas pessoas para descrever suas próprias crenças e histórias. Para nossos propósitos, "mito" refere-se às narrativas que um povo considera sagradas, que descrevem uma parte da visão de mundo desse povo e que fornecem uma percepção significativa da razão para seus costumes, tradições, crenças e práticas. Há muitas variedades de mitos nas sociedades africanas que mostram os diversos motivos, significados e funções das suas tradições orais: histórias sobre a origem de vários povos africanos, mitos sobre como os rituais passaram a ser praticados, mitos de migração e histórias sobre a mortalidade humana e as origens da morte. Mais especificamente, há inúmeros mitos cosmogônicos que mostram como eles definem o mundo criado, os povos, o ambiente físico e as instituições sociais e culturais. Mitos primordiais continuam a ter grande influência nas sociedades contemporâneas, que os consideram fontes de conhecimento e a base de sua existência e de seus padrões morais.

Central para uma compreensão da dinâmica do mito é a consciência da tensão entre os modos linear e cíclico de tempo. O primeiro modo refere-se ao que a maioria dos leitores reconhecerá como seu senso temporal padrão – ou seja, minutos, horas e anos passando sem parar, em um movimento incessante que vai do passado para o futuro. O tempo linear é uma seta que viaja em uma direção a uma velocidade constante. Em contraste, o tempo cíclico é como uma roda, com um conjunto de períodos e de eventos definidos que se repetem indefinidamente. É como o calendário, com seu número finito de nomes para coisas (domingo a sábado, janeiro a dezembro) que seguem um padrão previsível do início ao fim antes de recomeçar do topo. Muito foi feito a partir da oposição entre o tempo linear enfatizado no Ocidente e o tempo cíclico da África e de outros lugares, muitas vezes caricaturados como menos modernos. Contudo, tempos cíclicos e lineares são encontrados em todos os lugares.

Na Europa e na América, é possível que o tempo linear seja mais forte. Ele ordena não apenas o dia mas também a maioria dos festivais – tanto seculares como sagrados –, que são comemorações de eventos ocorridos uma vez, em um momento específico no passado. No entanto, alguns acontecimentos ainda operam no tempo cíclico. A teologia cristã afirma que todos os cristãos estão presentes no momento da Crucificação, fazendo da celebração da Páscoa não apenas uma reencenação ou uma comemoração mas também uma participação no próprio acontecimento original que se repete a cada ano. Na tradição anglicana africana, as cerimônias de casamento nas catedrais e igrejas começam com uma cântico popular que faz referência ao casamento primordial no Jardim do Éden, por meio da invocação ritualística de um cântico famoso: "as bênçãos ditas no Jardim do Éden no primeiro casamento humano permanecem verdadeiras para sempre"; uma invocação habitual do casamento arquetípico de Adão e Eva. Muitos festivais tradicionais africanos são similares em sua íntima ligação com os ciclos agrícolas e naturais.

Um foco menor tem sido dado ao fato de que muitos festivais africanos são de tipo linear e celebram eventos históricos como os atos de reis e conquistas famosas. Por certo, o Islã trouxe consigo uma série de celebrações ligadas a realizações históricas, em particular aquelas que comemoram as vidas e os atos do Profeta Muhammad e de seus representantes e sucessores imediatos, chamados de Califas Rashidun. Em outras palavras, são aqueles que foram considerados, pelos muçulmanos, divinamente escolhidos e guiados por Deus para governar a comunidade após a morte do Profeta Muhammad.

Em geral, eventos cerimoniais e atividades ritualísticas são realizados em ocasiões especiais ou em momentos determinados por um líder religioso por meio de vidência ou seguindo um calendário ritual. É particularmente significativo notar que muitos desses rituais e cerimônias dependem de uma noção temporal cíclica, que coincide com uma renovação cósmica do tempo. Nessas ocasiões, acredita-se que o cosmos passou por um ciclo completo e requer uma reativação ou recarga a fim de continuar de modo renovado em uma nova volta do ciclo. Em vários países africanos, o fim do ano marca uma época importante para tal renovação, uma época em que a vida está no seu mais baixo refluxo e requer rejuvenescimento. Isso é interessante para mim, pois, quando eu estava crescendo em uma cidade nigeriana, o povo, em sua maioria convertida ao cristianismo, referia-se ao Natal como *ọduń kékeré* (pequena festa) e ao Ano-Novo como *ọduń ńlá* (grande festa), ilustrando o significado que atribuíam ao fim do ano. Ambas as noções (de tempo e de ciclo ritual) estão embutidas na vida e nas práticas religiosas africanas.

Outro aspecto importante das narrativas que dão sentido e relevância à sensibilidade religiosa africana são os mitos. Muitas vezes eles oferecem múltiplas versões para um mesmo acontecimento. Relatos conflitantes sobre criação, divindades e agência humana podem existir dentro do mesmo grupo étnico, e todos podem ser considerados revelações de alguma verdade importante.

As narrativas cosmogônicas africanas expõem a criação do universo e atribuem sua formação a seres divinos, mas os detalhes que envolvem tal criação variam de história para história. Em algumas delas, seres vivos e seres não vivos emergem do som. Os Bambara de Mali acreditam que, antes de o universo ser criado, não havia nada além de um vazio (cf. FORD, 1999, p. 179-181). O cosmos começou com um único som, *Yo*, o som no âmago da criação – que é também um silêncio. Emanações dele formaram os planetas, as estrelas, a terra e os seres sencientes e não sencientes. Para os Bambara, a forma mais elevada de consciência provém de Yo e representa-se em seres humanos. Ao contrário de vários outros mitos de origem africanos, em que um ser divino é responsável pelo ato de criação, a narrativa Bambara é mais semelhante aos mitos de criação do hinduísmo bramânico, em que a expressão do som primordial, Ohm, é vista como o primeiro gesto criador.

Outro conjunto de mitos afirma que o cosmos emergiu do corpo do criador, como detalhado em uma narrativa de criação do povo Sã no sul da África. Os Sãs acreditam que Tumtumbolosa, a deusa do povo Gikwe, morreu. Com sua morte, seu estômago inchou até explodir, e o universo e seu conteúdo foram derramados. Um rio também emergiu, e suas águas fecundas causaram o crescimento de uma floresta na terra. Depois que os corpos celestes transbordaram, todos os outros seres terrestres apareceram: insetos, mamíferos, pássaros, répteis e humanos. É interessante notar a semelhança entre tal "explosão" e a Teoria do Big Bang. A história, como os contos do Gênesis nos textos sagrados judeus e cristãos, sugere que a criação aconteceu rapidamente. Os mitos sãs e da criação judaica também assumem uma entidade anterior a partir da qual a criação é feita. Na história sã, tal entidade é o corpo da deusa; na história judaica, é o vazio. Uma diferença-chave entre os dois é que a morte de Tumtumbolosa catalisa a criação, ao passo que o vazio é simplesmente sobrescrito ou posto de lado. Por meio da morte, a vida evoluiu a partir do corpo decomposto da deusa. Em ambos os mitos de origem, a humanidade, a vegetação e a vida animal emergem do mesmo processo criativo, estabelecendo assim o parentesco dos ambientes ecológicos, da cultura e das sociedades humanas.

Uma teoria de criação via combustão também existe entre os Bântu-Kôngo. O povo BaKongo acredita que o mundo começou como um vácuo sem vida visível. Uma explosão de forças ativas produziu então o *kalûnga*, um corpo de água que representa vitalidade, força e transformação. De *kalûnga* surgiu outra matéria que se combinou e solidificou, tornando-se a Terra, o Sol, a Lua e as estrelas. Da perspectiva BaKongo, a terra flutua em meio a *kalûnga*, e tais águas separam o mundo humano da vida marinha e do mundo espiritual. Enquanto outras histórias de criação discutidas neste capítulo mencionam um criador específico ou um ser divino responsável por gerar vida, Fu-Kiau (2001, p. 21) revela uma narrativa africana de criação espontânea. *Kalûnga* torna-se uma força divina, "o deus-princípio da mudança" responsável por toda a criação em movimento.

A criação como emergência permanece um tema comum em histórias de grupos sul-africanos. O mito cosmogônico xossa diz que as pessoas emergiram do submundo por meio de uma caverna ou um buraco profundo. O Ser Supremo possibilitou que elas saíssem. Os Xossas chamam seu lugar de origem de *Umhlanga*, que alguns estudiosos traduziram por "caverna", mas outros notam que, entre os Zulu, a mesma palavra significa "cana" ou "canavial". Povos que vivem próximos aos canaviais são chamadas de *abant bomlambo*, ou pessoas do rio. A cosmologia xossa atribui um tremendo poder a esses seres, que estão associados aos ancestrais. Enquanto a maioria das histórias africanas concentra-se em uma criação que ocorreu no reino do céu, a história xossa cita um local sob a superfície da terra, o lugar dos ancestrais que partiram.

Em linha semelhante, os Zulus da mesma região afirmam que o deus do céu Umvelinqangi casou-se com Uhlanga, um grande pântano cheio de canas de várias cores. O deus do céu utilizou-as então para fazer pessoas em pares de homem e mulher. Essas pessoas primordiais eram chamadas Unkulunkulu, que significa "ancestral", porque cada par fundou uma tribo sobre a terra. Essa história tem ressonâncias no mito evolutivo de que a vida na terra começou com seres aquáticos. Ela também defende que homens e mulheres complementam-se, enfatizando a fértil interação entre uma divindade masculina, o céu, e uma feminina, o pântano.

Muitas vezes, um mito africano de criação identifica várias deidades menores que operam como emissários de um ser supremo durante o processo criativo. O povo Fom da República do Benim tem um mito desse tipo, em que de Nana Buluku, um deus criador, nasce uma divindade andrógina chamada Mawu. Algumas versões combinam Mawu com Lissá, sendo a primeira feminina e representante da Lua, enquanto a segunda é masculina e representa o Sol. A mitologia Fom sustenta que Mawu-Lissá pariu sete pares de gêmeos, as divindades do panteão Vodu. Os seres humanos, criados pelos filhos de Mawu-Lissá, foram colocados entre o céu e o submundo, para retornar ao Ser Supremo após a morte.

Da mesma forma, o povo Winye de Burkina Faso narra como o deus criador enviou um casal gêmeo como pais primordiais para desenvolver a vida humana no mundo criado. Seu comportamento ofensivo, porém, desanimou o criador; os gêmeos utilizaram feitiçaria e resistiram à progressão natural de gerações. A gêmea fêmea reteve sua prole em seu ventre por um ano, recusando à geração seguinte sua entrada no mundo. Como resultado, sua prole rebelou-se contra ela e tornou-se autônoma. Os gêmeos originais reconheceram a superioridade de seus filhos e lhes prestaram homenagem com um bode sacrificial. Essa história da criação do povo Winye não só dá conta do surgimento do mundo, mas também institucionaliza o sacrifício como uma medida corretiva que restabelece a ordem social e cosmológica. Ela ilustra o argumento de Mircea Eliade (2005, p. 74-75), segundo o qual o objetivo principal do ritual é a renovação do tempo, tanto no cosmos quanto entre os seres humanos. O mito também enfatiza a desordem primordial, o conflito ou caos, e a eventual reordenação do mundo por meio de *performances* rituais. Embora a desordem tenha sido, no início, uma força negativa, ela se mostra, em última instância, como provocação para a criação de um universo social viável. Processos ritualísticos trazem ordem e completude ao mundo.

Alguns mitos cosmogônicos africanos contêm metáforas e figuras de linguagem familiares a judeus e cristãos, como o consumo de frutas proibidas. O mito de criação do povo Basari (norte do Togo e de Gana) fala de um deus criador chamado Unumbotte, que fez um humano, uma cobra e um antílope; ele então os pôs em uma terra rústica, com uma árvore. Em seguida, deu-lhes sementes para plantar, e uma delas produziu uma árvore que dava frutos vermelhos. O deus criador comeu desses frutos sem oferecer nenhum ao humano, ao antílope ou à serpente, mas essa última convenceu os dois primeiros a comê-los. Unumbotte surpreendeu-se ao descobrir o que fizeram, mas não os castigou por isso. Pelo contrário, o antílope passou a viver seus dias comendo grama, como preferia, e os seres humanos receberam novos alimentos do Criador: inhame, sorgo e painço. A narrativa diz que as pessoas comiam em grupos ao redor de tigelas separadas e que isso foi o início da formação das diferentes línguas da terra. A serpente, por sua vez, recebeu veneno do Criador, com o qual atinge humanos e animais, levando-os muitas vezes à morte.

Ainda que semelhante à história do Gênesis, esse mito tem uma resolução e um valor moral muito diferentes. A narrativa estabelece como surgiu a vida humana, animal e agrícola, e, ao contrário de Gênesis, em que Deus castiga Adão e Eva por comerem a fruta proibida, Unumbotte poupa o ser humano e os animais por sua desobediência e dá a eles modos de vida separados. Exemplificada pela multiplicidade de línguas, a diversidade cultural também é apresentada na narrativa basari. Embora essa parte da história explique o mesmo fenômeno observado no episódio da Torre de Babel – ou seja, o fato de as pessoas falarem muitas línguas diferentes –, o valor moral é, mais uma vez, bem diferente. Na história da Torre de Babel, encontrada no mesmo Livro do Gênesis, a diversidade linguística é um castigo divino contra o orgulho da humanidade. O mito basari, por outro lado, não atribui nenhum sentimento de culpa ou iniquidade a esse fato; as pessoas simplesmente falam línguas diferentes porque se dividem em grupos menores.

As narrativas orais africanas também incluem mitos de origem, que explicam a fundação e as tradições de um grupo étnico. Entre os Massai do Quênia, alguns acreditam que os clãs de sua etnia descendem diretamente do deus criador e de suas duas esposas. A primeira esposa recebeu gado vermelho no casamento e estabeleceu seu lar no lado direito do portão. A segunda recebeu gado preto e construiu sua casa no lado esquerdo. A primeira deu à luz três meninos: Lelian, que fundou o clã Ilmolelian; Lokesen, pai do clã Imakesen; e Losero, progenitor dos Iltaarrosero. Esses antepassados construíram suas casas do lado direito, como sua mãe, e seus descendentes formaram os clãs da mão direita. A segunda esposa também deu à luz filhos que fundaram seus próprios clãs: Laiser fez o clã Aiser; Lukum originou o clã Lukumai. Como seus antepassados, que construíram suas casas do lado esquerdo, eles são clãs da mão esquerda.

Mesmo que os mitos possam explicar as distinções dos clãs, não é raro que as narrativas africanas nos informem sobre origens tribais no mundo inteiro. Os Nkundo da República Democrática do Congo contam uma longa história sobre o começo das tribos de toda a Terra. O fator central é uma mãe, Mbombe, que dá à luz numerosos filhos. Entre eles está Jibanza, que nasceu como um guerreiro adulto e vinga a morte de seu pai. Durante suas escapadas, ele consegue reunir vários guerreiros e pessoas de outros grupos em sua família. Por exemplo, em vez de matar um de seus rivais, sua irmã casou-se com ele, criando assim uma aliança entre os dois grupos. Jibanza torna-se rei depois de receber a aprovação divina de Elima, o deus do céu. Ao voltar para casa, coloca pessoas em locais diferentes e atribui a elas o nome de seu grupo étnico. Albert De Rop, o pesquisador que coletou essa história, nota que, quando europeus estão na plateia, o narrador acrescenta que Jibanza viajou

33

através do mar e deixou pessoas em todos os continentes. Esse é um esforço para explicar a presença de pessoas não negras na terra e para tornar a história a mais inclusiva possível. Os contadores de história africanos sempre tiveram curiosidade em conhecer pesquisadores europeus que quisessem entrevistá-los sobre seu ofício. Por serem inclusivos, tais narradores falam de como os entrevistadores fizeram parte da cosmogonia.

Alguns mitos africanos não apenas explicam a origem das diferentes raças, mas também tentam tratar da percepção, partilhada pelo contador de histórias e por seu público, de que a distribuição feita pelo Criador prejudicou os negros em comparação com os brancos. Muitas dessas histórias giram em torno das ações de um homem branco e de um homem negro, que Deus faz como os primeiros humanos. Em quase todos os casos desse gênero, devido a alguma ação tola por parte do negro, o branco recebe a melhor parte – de armas, de letramento ou de riqueza –, enquanto o homem negro fica com sobras, pedaços, algum dom menor, ou é amaldiçoado com trabalho duro. Tais histórias estão tão difundidas por toda a África e aparecem tantas vezes logo após o primeiro contato que elas devem ser mais do que uma mera internalização do racismo branco. A interpretação de Michael D. Jackson (1998, p. 118-122) vai ao núcleo de uma compreensão do mito como tentativa de criar sentido, mais do que de aceitar as coisas como são. Jackson escreve: "Com mitos, as pessoas trabalham ativamente no mundo, moldando-o e remodelando-o nos termos das exigências de sua vida cotidiana". Em particular, Jackson aborda o fato de, nesses mitos, quase sempre as ações do homem negro serem as que geram consequências negativas. Assim, o mito percebe os negros como agentes e não apenas como vítimas de um destino aleatório em cuja formação não tiveram nenhum papel. Ademais, Jackson destaca os aspectos exagerados e cômicos dessas histórias, que convidam o público a rir dos absurdos de uma situação que, não fosse assim, só poderia ser interpretada como tragédia.

Mitos relativos à origem étnica ou racial muitas vezes andam de mãos dadas com mitos da migração. Os Massai, já mencionados, contam uma narrativa migratória que fala dos Ilarinkon, que habitavam seu território atual antes da vinda desse povo para essa área. Os Ilarinkon ficaram inquietos com a presença dos Massai e pressionaram-nos a partir. A terra abundante, porém, era muito confortável para os Massai, que se recusaram a se mudar. Um homem formidável liderou os Ilarinkon, e, segundo o mito, os Massai só o derrotaram dando respostas mais sagazes do que seus pedidos aparentemente impossíveis. Quando o oponente pediu uma sandália com pelos de ambos os lados, um esperto garoto massai instruiu seus anciãos a cortar a orelha de uma mula e fazer uma sandália com ela, já que essa porção de pele animal teria pelos nos dois lados. Esses truques continuaram até que o sagaz rapaz aproximou-se do líder Ilarinkon o bastante para matá-lo, permitindo assim que os Massai conquistassem esse grupo e assumissem controle oficial de suas terras. A história assemelha-se à narrativa de David e Golias, em que um oponente fisicamente gigantesco e militarmente munido sucumbe ao ataque de um inimigo menor e bem menos equipado. Ela aponta, assim, os vários conflitos e confrontos comunitários que ocorreram entre nativos e invasores, que muitas vezes conseguem conquistar o outro e tomar suas terras. Tais narrativas são comuns nas comunidades africanas.

Infelizmente, tais mitos são às vezes usados para justificar violência política, opressão e atrocidades. Em Ruanda, mitos históricos hutus (cf. MALKKI, 1995, p. 59-70) foram usados para justificar atos de genocídio contra o povo Tutsi, uma poderosa minoria étnica com a qual eles tinham vivido em paz por séculos. Os Hutus, em geral agricultores, veem-se como os habitantes autóctones daquela região, pois teriam chegado lá há milênios durante uma grande onda de migração banto. Os Tutsi, originários da região do Nilo, são predominantemente pastores e teriam chegado algum tempo depois dos Hutus. Em seus mitos, esses afirmam como aqueles os privaram da terra, enganando-os ao lhes impor a servidão em troca de produtos derivados do gado. Outras histórias contam como os Tutsi subjugaram os Hutus pela força de um monarca tutsi, que teria suplantado um líder hutu menos institucionalizado.

Pela lente desses mitos, lê-se que os hutus acolheram o domínio colonial belga porque lhes foram dadas oportunidades iguais de sucesso; a independência, por outro lado, foi vista como causadora de uma reversão indesejável a um estado anterior de servidão aos dominantes tutsi. Tais mitos não só proporcionaram uma linguagem pronta para aqueles que desejavam incitar a violência étnica contra esse último grupo – oferecendo uma forma de justificá-la como uma luta muito adiada pela liberdade contra tiranos invasores –, mas também permitiram que as pessoas envolvidas na violência entre gangues contextualizassem suas ações após o fato.

Um processo semelhante pode ser visto em ação na cidade de Darfur, Sudão. Os acontecimentos nesse país lembram que nem todos os mitos são antigos e que um mito histórico relativamente recente ainda pode exercer enorme poder sobre as experiências e a imaginação das pessoas. No Sudão, os mitos de origem têm sido usados para justificar o genocídio e a crueldade sistemática. Boa parte da nação é governada por muçulmanos setentrionais, cujo próprio mito de origem bastante recente propõe que eles são descendentes de senhores da guerra árabes do Norte. Portanto, eles se veem como etnicamente distintos da população do Sul, em sua maioria cristã e identificada por esses árabes como negra. Isso ocorre apesar do fato de as duas populações serem idênticas fenotipicamente e apesar das fortes evidências de que os sudaneses do Norte não têm mais razão de reivindicar descendência árabe do que seus vizinhos do Sul. Embora a imprensa internacional, com frequência, tenha focado o genocídio de Darfur como um exemplo de violência religiosa – de muçulmanos contra cristãos –, os próprios sudaneses entendem-no principalmente como um problema de raça. À primeira vista, isso é desconcertante para o observador, a menos que ele esteja familiarizado com o mito de origem que é a fonte dessa reivindicação.

O povo Dama da Namíbia tem uma história de migração que afirma que seu grupo étnico originou-se quando uma mulher grávida e sua filha separaram-se de sua caravana enquanto vagueavam pelo deserto. A mulher encontrou uma bruxa canibal, que ajudou no nascimento de seus gêmeos, mas comeu-a enquanto sua filha foi buscar água. Como a menina e os meninos gêmeos estavam sozinhos, cresceram na casa da bruxa. Um dia, eles a prenderam dentro da casa dela e incendiaram o local. Exigiram que a bruxa devolvesse o coração de sua mãe e, ao recebê-lo, enterraram-no nas cinzas. A mãe então reencarnou e casou-se com o primeiro gêmeo, dando o segundo à sua filha como marido. Os damas das altas montanhas descenderam do primeiro casal, e os damas das baixas planícies foram oriundos do segundo par. Essa história de incesto e canibalismo traz vários enigmas. Ela explica a origem da vida humana em termos místicos e mágicos. A bruxa é um elemento importante da sociedade africana e desempenha um papel central na concepção de uma comunidade humana. É interessante notar que, até o coração da mulher ser enterrado devidamente, as crianças não descansaram, e com efeito foi o enterro adequado que levou à reencarnação da mãe falecida. Eles acreditam que sem um enterro correto os mortos se tornarão uma ameaça para os vivos. Além disso, o coração, como órgão central do corpo, merece um descanso pacífico após a morte.

A explicação da origem da morte é tão importante quanto a da criação do cosmos. Segundo os Massai, a morte entrou no mundo quando o primeiro ser humano do gênero masculino, Leeyio, pronunciou mal um decreto que o Criador instruiu-o a dizer sobre o cadáver de qualquer pessoa que morresse: "O homem morre e retorna. A lua morre e permanece longe". Ele inverteu tal decreto e, consequentemente, permitiu que a morte entrasse no mundo. Curiosamente, a primeira pessoa a morrer foi o filho de seu vizinho, e o discurso descuidado de Leeyio sobre o corpo dessa criança impediu que seu próprio filho voltasse à vida quando faleceu. A história parece sugerir que as pessoas devem ter grande cuidado com o bem-estar de seus vizinhos, porque os problemas de outra pessoa também podem ocorrer com você; o descuido demonstrado em relação aos outros pode lhe causar problemas.

Muitas histórias sobre a origem da morte giram em torno de algum erro da parte de um ancestral humano primitivo, ou então cometido por um mensageiro semidivino. Na maioria dos casos, os poderes divinos criam os seres humanos para serem imortais – um tema encontrado também no Livro do Gênesis, que trata de uma das preocupações centrais de quase todas as religiões: a origem do mal no mundo e se Deus é infinitamente bom. Se coisas horríveis, como a morte, acontecem-nos no curso de nossas vidas naturais, será que isso não significa que o Criador pretendia essas coisas e, portanto, é mau? Nessas histórias sobre a origem da morte, porém, fica nitidamente demonstrado que o sofrimento e a morte vieram contra as intenções de Deus, por algum equívoco ou erro humano.

Um fator comum entre os mitos de origem da morte é o mensageiro confuso. O conto xossa (África do Sul) diz que Qamata, o ser supremo, enviou Camaleão à terra para entregar uma mensagem aos seres humanos. O mensageiro devia lhes informar que não morreriam. Em algum momento de sua jornada, ele ficou cansado e dormiu. Ao acordar, encontrou Lagarto, que perguntou sobre sua missão. Esse então fugiu e disse aos humanos que eles iriam morrer. Apesar de Camaleão tentar corrigir essa informação, os humanos acreditavam em Lagarto. Já para os Chagga do Quênia, a morte não resultou de um decreto errante, mas sim de uma violação do sigilo. Eles alegam que a morte entrou no mundo quando um estranho faminto encontrou a comunidade e comeu o inhame que Ruwa proibira o povo de comer. Ruwa, então, puniu o ancião com a morte e a cegueira. Depois de muita súplica de um ministro de Ruwa, o ser supremo curou-o e disse a ele que o povo não morreria mais. Em vez disso, quando chegasse a hora, eles retirariam a própria pele e receberiam uma nova. Para que a transformação fosse bem-sucedida, porém, o ancião deveria trocar sua pele em segredo. Nisso ele falhou, porque sua neta, encarregada de cuidar dele, apareceu antes da hora e flagrou-o no meio do processo. Por isso, o ancião morreu, e agora toda a humanidade sofre com a morte.

Épicos sobre heróis culturais são outro tipo importante de mito. Tais heróis muitas vezes são o tema dos mitos mais importantes de uma cultura – um dos principais exemplos bíblicos é Moisés. Nos heróis culturais, com frequência, não são claros os limites entre humano, animal, deus, ancestral e espírito, e em geral eles desempenham papéis-chave em narrativas cosmogônicas e de migração. Em alguns casos, esses heróis espelham divindades e funcionam como deuses criadores. Na maioria das vezes, eles possuem, ou inventam, habilidades essenciais como a caça ou a agricultura. Geralmente não pertencem a uma determinada linhagem, mas sim ao povo como um todo, mesmo que, em certos casos, sejam os fundadores de determinados grupos étnicos, sucessões e clãs. A categoria inclui seres humanos que foram guerreiros ou realizaram feitos espantosos, que garantiram sua imortalização na memória cultural. Heróis culturais também costumam ser reis ou governantes, e suas histórias relatarão a fundação de uma linhagem soberana, de uma casa real ou de um território. Durante festas e rituais, a comunidade pode narrar esses eventos. Os épicos costumam tratar desse tipo de personagem, como Kankan Musa, o rei do Mali que estabeleceu a fundação de um dos maiores impérios medievais ricos em ouro do Sudão Ocidental. Eles são importantes para a religião, pois continuam a sustentar o pavilhão sagrado que legitima e sacraliza a identidade de seu povo. Durante os festivais anuais, a comunidade reúne-se, vinda de diferentes lugares, para se lembrar dos ancestrais e participar de encenações dos eventos primordiais. Por isso, os heróis culturais também podem servir de base para o que tem sido frequentemente chamado de religião civil – ou seja, um conjunto de narrativas, rituais e crenças seculares que unem um povo sob uma bandeira de identidade cultural e nacional.

Os pigmeus Mbuti da floresta tropical Ituri do Congo têm um mito atribuindo a criação de sua cultura a Aparofandza, um ser

39

primordial que os pariu e os ensinou a caçar e procriar. Outras narrativas retratam o camaleão como um herói cultural que se torna Dono de Todas as Coisas depois de trazer com sucesso a bigorna de um relâmpago ao topo de uma montanha. O mito em torno de Kintu, um herói cultural baganda (Uganda), sugere que ele foi tanto um ser primordial quanto um ancestral. Como primeiro homem, desempenha o papel de progenitor dos Baganda. Sua jornada para casar-se com Nambi, filha de Gulu, rei do céu, apresenta-o como personagem trapaceiro – um *trickster* – que ludibria os deuses e estabelece o povo Baganda na terra. Assim, o título de "herói cultural" aponta para seu sucesso como fundador de uma cultura e para sua capacidade de superar adversidades impossíveis.

Para o povo Iorubá da Nigéria, muitos dos deuses tradicionais (orixás) estreitam os limites entre divindades e heróis culturais. A deusa Oxum em Oxobô, sul da Nigéria, é também uma heroína cultural associada à fundação de certos territórios e é honrada em alguns casos como uma heroína de guerra. O deus Xangô é outro exemplo; agora honrado como deus, ele também foi uma pessoa histórica, o terceiro Aláafin (governante) do Império de Oió, o maior império antigo do sudoeste da Nigéria, entre os séculos XVII e XIX. Oraniã é considerado o construtor do Ifé e o fundador de Oió. O oxirá Odudua desempenhou um papel vital na criação do universo, mas também é honrado como o primeiro governante iorubá e fundador dessa raça. O Ooni, alto rei iorubá, é visto como uma encarnação viva de Odudua, mas todas as casas reais Iorubá – e todo o povo – traçam sua linhagem de volta ao mesmo Odudua. Assim, ele é tratado tanto como um espírito divino quanto como um ancestral.

Essas figuras míticas são todos exemplos de heróis culturais porque são celebradas como cumpridores de papéis-chave no estabelecimento da cultura iorubá; além disso, são frequentemente honradas como pessoas que viveram no passado. Elas constituem uma categoria separada, mas inter-relacionada no panteão dos deuses. Outros heróis culturais, tais como o grande líder zulu Shaka Zulu, não foram deificados, mas continuam a ser venerados como antepassados. Obtém-se assim uma perspectiva importante sobre deuses, antepassados e seres espirituais: embora sejam categorias úteis de análise, na prática, tais distinções não costumam ser muito nítidas.

2
DEUSES, ANCESTRAIS E SERES ESPIRITUAIS

Nas religiões nativas africanas, os principais deuses, divindades, espíritos, ancestrais e forças pessoais e impessoais são considerados agentes ativos no mundo criado, com noções teístas e não teístas de forças sobrenaturais presentes nas diversas cosmologias. Os panteões africanos de deuses, deusas, espíritos e outros seres não humanos são variados em número e complexos em caráter. As divindades habitam um mundo já de início criado para o ser humano e exercem uma influência extraordinária sobre os assuntos pessoais do dia a dia. Com frequência esses panteões portam um nome coletivo: para os Iorubá da Nigéria, orixás, para os Baganda de Uganda, *baalubale*. Na prática, porém, é mais comum encontrar indivíduos e famílias comprometidos em relações de reciprocidade com um subconjunto menor de espíritos e antepassados, aos quais eles oferecem serviços e dos quais, em troca, podem esperar assistência em momentos de necessidade. Ainda que possa haver centenas de orixás — um número tradicional de 201 ou de 401 costuma ser mencionado —, um indivíduo muitas vezes só servirá ativamente a alguns deles ou até mesmo a apenas um. Os espíritos a que um indivíduo serve são, em geral, herdados de sua família e seu local de nascimento. Narrativas mitológicas elaboradas dão pistas significativas sobre hábitos, funções, poderes, atividades e influência de cada divindade. O caráter delas dará expressão às crenças culturais centrais, e as pessoas muitas vezes farão referência ao modo como tais divindades podem ilustrar ideais tanto bons quanto ruins. Histórias em todo o continente africano retratam as deidades como seres antropomórficos ou espíritos impessoais que compartilham inúmeras características com seus devotos humanos. Deuses e espíritos são feitos à imagem do ser humano; como tal, eles falam, são ouvidos, sofrem castigos e alcançam recompensas.

O relacionamento entre os muitos deuses e o Deus Supremo varia de região para região, de povo para povo. Algumas cosmogonias africanas veem a principal divindade como o ser mais elevado e poderoso, anterior a todo o restante da criação, fruto de origens desconhecidas ou de autogênese. Um deus criador distante ou ausente é uma figura comum nas histórias da criação africana. Narrativas da Nigéria ao Zimbábue retratam uma divindade original que observa o processo criativo, em vez de participar dele diretamente, e deixa para divindades menores o trabalho de geração e manutenção contínua do mundo. É comum ver tal divindade como um deus distante dos assuntos humanos; por essa razão, divindades menores são, em geral, aquelas a quem se pede socorro.

Alguns grupos consideram o Deus Supremo como equivalente às divindades, como um primeiro entre iguais, ou um rei entre chefes. A complexa interconexão entre o Deus Supremo e as divindades menores torna as religiões africanas difíceis de classificar como monoteístas ou politeístas. É possível argumentar que esse binarismo é irrelevante no contexto africano. Tais debates só começaram com a influência do islamismo e do cristianismo. Entretanto, os estudiosos notaram que a expansão de escala do microcosmo para o macrocosmo, introduzida por muçulmanos e cristãos, trouxe à tona o outrora remoto – embora existente – Deus Supremo. É notável a ocorrência frequente, em áreas com longa história de islamismo, de adeptos das religiões tradicionais africanas usando uma palavra para seu Deus Supremo derivada do Islã. Por exemplo, o povo Kuranko de Serra Leoa, do qual muitos mantêm ao menos algumas de suas práticas religiosas tradicionais,

43

usa o nome "Altala" (derivado do árabe "Alá") para sua versão de divindade suprema. Isso evidencia como as religiões tradicionais africanas, o islamismo e o cristianismo têm tido fortes impactos uns sobre os outros, muitas vezes se hibridizando mais do que simplesmente se anulando em competição.

O termo "Deus Supremo" é um uso peculiar da palavra "deus". Em numerosos grupos étnicos africanos, a divindade soberana é considerada um ser sobrenatural muito parecido com aqueles associados a fenômenos naturais, só que maiores. Ainda é difícil traduzir conceitos como o iorubá òrìṣà agbaye para outras línguas. Na melhor hipótese, essa expressão faz referência a duas noções teístas complementares: primeiro, a expressão significa "deus universal", um deus associado ao mundo inteiro, que não está preso a um local em particular; uma segunda interpretação traduz òrìṣà agbaye como "deus do universo". Ambos os conceitos sugerem que essa entidade é "suprema", uma vez que seu domínio estende-se sobre e por toda a terra.

O Ser Supremo continua a ser a entidade sobre-humana mais importante nas religiões africanas, apesar do fato de, em questões práticas, a ênfase ser colocada na busca de assistência de outras deidades. Isso ocorre porque o Ser Supremo é geralmente visto como o engenheiro do destino e, portanto, em certo sentido, o originador da causalidade. Enquanto outros espíritos e divindades podem intervir no curso dos acontecimentos, é o Ser Supremo que, em última instância, determina seu resultado. A divindade principal também pode ser vista como um princípio divino que incorpora as noções de vida, abundância e bênçãos da procriação humana e da fertilidade agrícola. Algumas culturas veem o Ser Supremo como masculino, outras como feminino, e em outros casos como hermafrodita, andrógino ou sem gênero. Várias culturas, como os Fom da República do Benim, creem em uma entidade gêmea e enfatizam a cooperação entre o masculino e o feminino como fator necessário para que a criação ocorra. Noções andróginas do Deus Supremo sugerem que o equilíbrio do cosmos depende de uma estabilidade entre forças iguais e opostas.

O povo Fom, da República de Benim, acredita que Mawu-Lissá, o casal gêmeo descendente do Ser Supremo (Nana Buluku), deu origem a sete pares de gêmeos. Como dito anteriormente, esses novos casais tornaram-se as divindades centrais no panteão vodu. Mawu-Lissá uma vez reuniu seus filhos para distribuir suas heranças. O par mais velho, Sapatá, recebeu a terra para governar. Os gêmeos da tempestade, Heviossô, ganharam controle sobre trovões e relâmpagos. A jurisdição sobre a produção de objetos de ferro pertence a Ogu, gêmeos que representam esse metal. Eles eram o par mais poderoso de gêmeos e foram duplicados para limpar caminhos através das florestas, cultivar terras e fazer ferramentas para a caça e a agricultura. Mawu-Lissá também deu a cada par de divindades uma língua única com a qual se comunicar um com o outro, uma língua compartilhada apenas com seus respectivos sacerdotes e sacerdotisas. De acordo com o mesmo mito, Legba, o ente mais jovem, alcançou fluência em todas as línguas dos deuses, e essa habilidade permitiu que ele facilitasse a comunicação entre as divindades.

O Deus Supremo emerge em muitas narrativas e mitos que demonstram a natureza das cosmologias africanas, mesmo que não da mesma forma que no islamismo e no cristianismo, que agora dominam as visões de mundo e a vida social africana. Porém, nas formas que adotaram na África, essas duas tradições monoteístas tomaram muito emprestado das tradições nativas que encontraram. Certa vez, participei de um culto da Igreja durante o qual um pastor nigeriano invocou o Deus Supremo chamando em iorubá o que, segundo suas palavras, seriam os belos nomes da mais alta divindade. Muitos desses nomes honoríficos reconheci serem oriundos da poesia de divinação Ifá, uma forma tradicional de vidência iorubá. Tal experiência também pode ter sido parcialmente inspirada pela forma como, no Islã, Deus (Alá) tem 99 nomes de louvor, que descrevem seus muitos atributos.

O Ser Supremo como força entre nós

Para o povo Lango de Uganda, o Ser Supremo, chamado Jok, é mais uma espécie de força suprema. Jok é tão intangível, invisível, indivisível e onipresente como o vento e tende a habitar árvores, colinas e montanhas. Pode ser de qualquer gênero. Os Lango descrevem Jok como benevolente e como um criador que gerou o cosmos, a Terra e as estações chuvosas e secas. Ao contrário de outras culturas africanas nas quais o Deus Supremo em geral é visto como uma divindade invisível e remota, o povo Lango pode ter acesso direto a Jok por orações e vidências. Como acontece com as divindades em todo o mundo, Jok tende a punir aqueles que o negligenciam ou desobedecem. O povo Lango conhece essa divindade em várias manifestações, sendo a mais antiga a Atida. Também conhecida como Min Jok, que significa "mãe de deus", ela está associada à caça, à luta e à chuva. Seus oráculos são cultivados principalmente por mulheres, e as grandes figueiras-de-bengala são sagradas para ela.

Outra emanação é Jok Adongo, associada ao culto das árvores e à conexão que os Lango fazem entre elas e a produção de chuva. Apesar de invisível e intangível, diz-se que Jok Lango, outra manifestação de Jok, fala a língua lango e carrega um escudo e duas lanças. É o Jok das doenças. Outras manifestações importantes incluem Jok Nam, a força do rio, e Jok Orongo, que administra os espíritos dos seres humanos e de quem a alma origina-se. O surgimento de certos Joks pode até mesmo ser datado, como ocorreu com Jok Omarari, que apareceu pela primeira vez em 1916 como a divindade da peste bubônica. Isso nos dá certa noção de como mudanças religiosas ocorrem regularmente, em resposta às necessidades mutáveis de uma sociedade.

Apesar das diferenças entre elas, todas as entidades de Jok sobrepõem-se. Driberg (1923, p. 223) refere-se a Jok como uma "Força Espiritual composta de inúmeros espíritos, qualquer um dos quais pode se destacar temporariamente sem diminuir a unicidade da Força". Fica evidente nas narrativas Lango que deuses e entidades espirituais derivam muitos de seus atributos da paisagem física e de fenômenos naturais específicos do lugar ou espaço de dada comunidade.

O povo Luo do Quênia sustenta crenças religiosas semelhantes às do Lango de Uganda. Eles acreditam em um Ser Supremo chamado Nyasaye e em uma força espiritual chamada Juok. O primeiro pode ser tido como andrógino, porque algumas denominações referem-se ao deus no feminino, e outras no masculino. Em ambos os casos, ele é a origem da vida e criou o cosmos, a Terra e todos os seres vivos. Alguns mitos retratam o criador formando a vida humana e animal do mesmo modo que um oleiro molda a argila. Nyasaye é onisciente e onipresente, incognoscível e intocável, próximo demais para se poder sentir e distante demais para se conseguir alcançar. Provê filhos, riqueza, boa saúde e abundância agrícola. Como essas coisas pertencem à divindade, ela também pode tirá-las. Alguns Luo oram diretamente a esse Ser Supremo e tratam-no como "pai", mas a maioria desse povo faz suas orações apenas aos seus antepassados. Juok, por sua vez, é para os Luo um poder espiritual que reside em todas as coisas vivas e não vivas. Muitas vezes, é identificado com o vento ou com o ar, e constitui-se de espíritos, almas, sombras e fantasmas. Revela-se em seres vivos, sonhos, visões e fenômenos naturais.

O povo Soto-Tsuana da África do Sul tem uma noção complexa de divindade, com semelhanças àquela do povo Lango. Segundo Setiloane (1976), Modimo (o Ser Supremo) é intangível e sem gênero. Sua manifestação primária é como céu numinoso, e por isso ele é associado à direção do "acima". Modimo é uma Entidade Suprema singular cuja presença infunde todas as coisas, mas não é percebida diretamente pelos sentidos. É a fonte de tudo, uma entidade autogeradora que permite à criação emergir. O povo Soto-Tsuana também se refere a Modimo como mãe, ao notar o cuidado que ele proporciona. Tal gesto não parece dar gênero a essa força sobrenatural, e sim descrever a ternura que ela tem

47

pelos seres humanos. A entidade também amplia a bondade entre os seres humanos e encarna a justiça. Em última análise, Modimo está em toda parte e estende-se a todos os domínios da vida.

Figura 1 – A tradição de máscaras Gèlèdé dos Iorubá do sudoeste da Nigéria celebra o poder místico das mães sagradas, conhecidas como *awon iyá*. Essa cerimônia serve para propiciar e apaziguar os poderes benevolentes e destrutivos atribuídos pela comunidade a essas figuras maternas sagradas.

Existem outras culturas africanas que também acreditam em uma força mística presente em todas as coisas, mas que não necessariamente divinizam tal força ou mesmo fazem uma associação íntima dela com um Ser Supremo. Por exemplo, os Iorubá têm o conceito de *àṣẹ* (axé), que pode significar, em tradução livre, "força" ou "poder". O axé preenche todas as coisas vivas, muitas características do mundo natural e objetos rituais. As divindades, bem como as pessoas, usam e moldam axé para realizar sua vontade, contudo o axé é, em si mesmo, neutro em termos morais. É possível compará-lo à eletricidade, que tanto alimenta o nosso mundo e dá vida às coisas, mas não é uma entidade consciente, com algum tipo de sentimento sobre como e quando ela é usada.

O Ser Supremo como criador distante

A cosmologia Acã (Gana) contempla um criador distante e masculino – Nana Nyame – que é o único responsável pelo cosmos e pela terra. Os Acãs do Sul postulam que ele terminou de criar a terra em uma sexta-feira, enquanto os do Norte afirmam que ele concluiu um dia antes. É tabu para os agricultores de cada localidade trabalhar a terra nesses respectivos dias. Diz-se que Nana Nyame tem conhecimento de tudo. Um mito ensina que Nyame vive no céu, mas que em algum momento esteve perto o suficiente para que os humanos pudessem tocá-lo. Em outro mito, Nyame esteve outrora perto o bastante para que ficasse esbarrando nele constantemente o pilão de uma mulher que batia fufu, um alimento básico feito de inhame cozido batido. Assim, o deus distanciou-se do mundo a fim de escapar desse aborrecimento.

Numa narrativa do Mali, país localizado na África Ocidental, Amma, o deus criador dogon, é masculino e quebra a ordem do universo ao engravidar a Terra. A Terra, aqui, é feminina, e uma criação de Amma. Esse é considerado todo-poderoso, mas também é a razão pela qual o mundo começou mal. Mais tarde, Amma e a Terra produziram Nommo, espíritos divinos aquáticos reptilianos que desempenharam papel importante na formação dos seres humanos. Como a vida desenvolveu-se a partir da água, e como o fluido vital manifesta-se nos seres vivos, o povo Dogon considera Nommo o gerador de todas as formas de vida.

O Ser Supremo entre os Lozi, da Zâmbia, chamado Nyambe, criou sua esposa, Nasilele, e o primeiro ser humano, Kamunu. O Sol simboliza essa divindade soberana; em contraste, a Lua representa sua esposa. O criador outrora viveu na terra junto com Nasilele, mas partiu para o céu quando Kamunu e sua esposa continuaram a copiar seu gênio (ou seja, criando ferramentas, caçando e realizando trabalhos de carpintaria). Diz-se que Nyambe é progenitor das famílias reais Lozi. Ao mesmo tempo, a crença autóctone desse povo sugere que ele pode causar a miséria humana, enfurecendo-se rapidamente, sendo vingativo e ressentido. Em geral, tal Ser Supremo permanece a distância e não se interessa pelos assuntos humanos.

Para os Iorubá, o Ser Supremo é um deus do céu chamado Olodumarê (às vezes chamado Olorum). Olodumarê criou o universo inteiro, mas trabalha nele de modo um pouco distanciado, que lembra a teologia deísta ocidental de Deus como um relojoeiro. Quando chegou a hora de realmente criar vida na terra, Olodumarê dirigiu o conselho de espíritos divinos, denominados orixás, para descer à terra sob a liderança do mais velho entre eles, Obatalá. Olodumarê deu a Obatalá todas as ferramentas necessárias para criar o solo e a vida, mas não participou do ato de criação em si. Embora o curso do destino esteja, em última instância, nas mãos de Olodumarê, ele (ou ela, ou isso, ou eles) não intervém diretamente no curso dos acontecimentos. Portanto, os adeptos da religião tradicional iorubá dirigem suas súplicas e orações ao orixá que trouxe vida à terra e continua a ser encarregado do que nela acontece.

Ancestrais

A tradição ancestral, a veneração dos pais e antepassados falecidos, constitui um aspecto-chave das religiões africanas. Algumas tradições consideram os ancestrais iguais, se não superiores, às divindades dentro do panteão; ademais, nem sempre é fácil fazer a distinção entre ancestrais e divindades. Outras tradições colocam a veneração ancestral no centro das atenções, porque ela ainda é fundamental para a formação dos clãs, linhagens e famílias. Os antepassados, tendo transcendido o reino humano, ocupam um domínio superior de existência e estão equipados para conceder honra e bênçãos aos membros vivos de sua linhagem. Uma relação de reciprocidade une os vivos e os mortos: oferendas rituais são dadas em troca de bênçãos dos ancestrais. Pelo mesmo motivo, a negligência dos antepassados de uma descendência pode levar ao infortúnio, à doença e até mesmo à morte.

O envolvimento dos antepassados em rituais de passagem dos vivos — tais como batismo, puberdade, casamento e morte — é um exemplo primordial da interação íntima entre eles. Tais passagens não podem ser realizadas com sucesso sem a assistência e o apoio dos ancestrais, dado que forças malignas, personificadas como espíritos malévolos e particularmente como bruxas, podem perturbar o acontecimento e afetar de forma negativa a existência contínua da vida humana e da ordem cósmica. A bênção dos antepassados afasta essas forças disruptivas e garante, com isso, a realização desses acontecimentos.

Algumas sociedades africanas estabelecem um limite entre ancestrais que viveram durante a memória recente e aqueles que morreram há mais de quatro gerações. Para o povo Ovambo (cf. AARNI, 1982, p. 15) do norte da Namíbia, existe uma distinção entre "antepassados" e "mortos-vivos". Os primeiros (*aathithi*) referem-se aos "falecidos esquecidos", aqueles cujas atividades e memórias não podem ser lembradas pelos membros vivos de suas linhagens. Os mortos-vivos, de outro lado, são os recentemente falecidos. Integrantes do povo Ovambo fazem ainda uma separação entre seus parentes que morreram (*oohe nooyina*) — considerados constituintes do grupo de mortos-vivos da sua linhagem — e mortos-vivos de todas as outras linhagens de sangue. Enquanto os parentes falecidos demandam respeito e atenção, os antepassados dos outros são praticamente desconhecidos — eis uma tradição que destaca o imperativo de manter um vínculo genealógico direto com os ascendentes há pouco falecidos de uma pessoa. Várias cosmologias africanas contemplam um reino ancestral semelhante ao reino humano. Para algumas culturas, isso significa que a vida após a morte envolve a busca da abundância. Um provérbio entre os Iorubá diz: "Se a terra dos ancestrais estiver cheia de ouro e diamantes, eles não voltarão à comunidade humana para pedir doações". O provérbio explica a relação recíproca entre os vivos e os mortos, ao mesmo tempo que enfatiza as qualidades humanas dos antepassados. É importante notar como esse provérbio enfatiza que os ancestrais precisam de sua descendência para se sustentar no além, assim como os vivos precisam das bênçãos, da sabedoria e da graça de seus antepassados. As pessoas vivas hoje e as do passado dependem umas das outras para sobreviver. Em contraste, o povo Kono de Serra Leoa acredita que o mundo dos ancestrais contém mais beleza e prosperidade do que o mundo humano. A sociedade dos mortos, porém, reflete a sociedade dos vivos. Famílias e clãs vivem separadamente no além, e os chefes de linhagens formam o conselho de anciãos de espírito ancestral. Na vida após a morte, os antepassados têm poder e autoridade sem paralelo aos dos anciãos vivos, validando assim seu controle social e moral sobre sua descendência. Apesar de ainda próximos da humanidade, os ancestrais, na maioria dos casos, deixam de lado características individuais negativas que tinham enquanto encarnavam, tornando-se homens e mulheres ideais, capazes de aconselhar os vivos sobre suas interações sociais e morais. Assim, após a morte, os mortos assumem uma personalidade moral aperfeiçoada. Embora a cosmovisão kono inclua um Ser Supremo e vários deuses menores, são os ancestrais que ocupam o primeiro lugar na prática religiosa do povo.

Os povos BaKongo (da República Democrática do Congo) e Kaguru (da Tanzânia) acreditam que os mais velhos da comunidade estão mais próximos dos ancestrais. Como consequência, são eles que exercem maior influência no modo de interagir com eles. Os anciãos decidem o que agrada aos antepassados, a quem culpar pelo descontentamento deles e quem interpreta a vontade ancestral. Como emissários e mediadores, os idosos falam pelos antepassados quando intervêm e resolvem conflitos. Por outro lado, às vezes também é feita uma conexão entre os ancestrais e os recém-nascidos. Para o povo Beng da Costa do Marfim (cf. GOTTLIEB, 2004, p. 78, 86-87, 98, 162), os bebês são vistos como antepassados reencarnados que, durante os primeiros meses e anos de vida, retêm muitas de suas memórias ancestrais. Eles ainda estariam habituados a suas vidas no *wrugbe*, a vida após a morte, local imaginado pelos Beng como uma metrópole distante ao estilo europeu. Em *wrugbe*, os ancestrais vivem vidas extremamente cosmopolitas, falando com fluência todas as línguas humanas e usando moedas europeias para pagar por suas necessidades. Como os bebês voltaram há muito pouco tempo de *wrugbe*, são tratados como se já conhecessem todas as línguas fluentemente, e os pais conversam com eles em conformidade com essa crença – por exemplo, explicando-lhes em frases completas que eles não devem chorar ou criar dificuldades. Em vez de aprender a língua beng, acredita-se que os bebês, aos poucos, esquecem todas as outras línguas, exceto a de seu povo. Para que os recém-nascidos sintam-se menos saudosos do mundo de *wrugbe*, os Beng lhe dão presentes, como moedas francesas coloniais (usadas como dinheiro corrente no além-vida), que farão com que seu novo ambiente lhes pareça mais familiar. Do mesmo modo, os recém-nascidos são mantidos longe de qualquer coisa que possa enfraquecer sua tênue conexão com o mundo dos vivos. Por essa razão, não são levados para perto de cadáveres ou de cemitérios até que se determine seu firme enraizamento em seus novos corpos.

Um dilema fundamental na experiência de veneração ancestral é saber quem pode se tornar um antepassado. A resposta varia em todo o continente. Entre os Manyika do Zimbábue, apenas os membros masculinos da linhagem recebem tal *status*, pois o título refere-se à "potência sexual" masculina (apesar de não necessariamente à paternidade). As ancestrais femininas também existem, como entre os agricultores Ila da Zâmbia central, uma sociedade matrilinear na qual tanto homens quanto mulheres oferecem libações a seus ancestrais. Em certos casos, somente algumas crianças com nascimentos sagrados podem se tornar antepassados. Para o povo Sukuna-Nyamwezi da Tanzânia, gêmeos têm automaticamente *status* de ancestrais em virtude de seu nascimento, e os cuidados para com gêmeos falecidos permanecem responsabilidade exclusiva das mulheres.

Independentemente de quem se torna um antepassado, o processo para a obtenção desse título começa com a morte. Entre os africanos, a morte significa transição de uma etapa da vida para a seguinte. Uma passagem pacífica é fundamental para se tornar um ancestral, e os vivos realizam ritos e cerimônias de sepultamento a fim de garantir uma travessia tranquila para o morto. Em alguns casos, acredita-se que o recém-falecido ainda permanece dentro ou ao redor do cadáver por vários dias, durante os quais a família e os amigos continuarão a falar com a pessoa como se ela estivesse viva. O enterro adequado inclui cerimônias fúnebres ostentosas, das quais todos os descendentes do falecido participam. Como os mortos ainda estão espiritualmente muito vivos, a família em vida faz todo esforço, durante os ritos fúnebres, para garantir que seus novos antepassados fiquem satisfeitos. Para o povo Ga de Gana, uma maneira de expressar tais esforços é o uso de caixões fantasiosos elaborados em forma de peixes, pássaros, carros, aviões, telefones celulares ou qualquer outro molde imaginável. Extremamente caros e sempre construídos sob medida, esses caixões são projetados para lisonjear o falecido e revelar à comunidade algo importante sobre quem ele era em vida.

Outro requisito comum para que uma pessoa torne-se um ancestral é que ela tenha tido uma "boa morte", não causada por doença incurável (como lepra, varíola ou aids), nem por acidente ou violência. Mais importante ainda, o falecido deve fazer a passagem em idade avançada, signo de sabedoria e experiência. Em algumas sociedades, os enterros e a formação de novos ancestrais são tempo de muita instabilidade. Grande ansiedade, confusão e imprevisibilidade infiltram-se no povo Bambara de Mali. Eles consideram a morte um período limiar, durante o qual a sorte do falecido e de seus descendentes é imprevisível. Preocupações semelhantes consomem os Iorubá, que oram imediatamente contra a sucessão das fatalidades, mitigando assim os distúrbios na linhagem.

Manter uma linhagem é responsabilidade permanente de cada um, seja no mundo humano, seja no mundo ancestral. Para esse fim, os ancestrais não só abençoam a fertilidade de seus descendentes, mas também passam por uma reencarnação. Embora possa parecer confuso, muitos povos africanos, inclusive os Beng, acreditam que um espírito continua sendo ancestral mesmo quando também reencarnou em forma humana. O povo Lupupa da República Democrática do Congo acredita que um espírito retorna para renascer em uma linhagem quando seus descendentes vivos mantêm uma relação amigável com os antepassados. A regra geral afirma que o espírito de um indivíduo pode retornar em um corpo humano apenas três vezes, geralmente por meio de um neto. Assim, os netos recém-nascidos muitas vezes levam o nome do antepassado avô ou avó. Entre os Iorubá, acredita-se que os ancestrais reencarnam dentro de sua própria linhagem. Na maioria dos casos, tal retorno leva tempo; já em outros, acredita-se que aconteça quase instantaneamente. Por exemplo, um nome Iorubá comum para um filho é Babatunde, que significa "o pai voltou" e indica a crença de que o bebê é a reencarnação de um pai ou avô falecido. Esse nome é dado especialmente a um filho que nasce após a morte de seu avô. Da mesma forma, uma menina nascida após a morte de sua avó é chamada de Iyabo ou Yetunde. Nas comunidades Beng da Costa do Marfim, os anciãos passam tempo com seus netos, pois entendem que os bebês acabaram de vir do lugar para onde os mais velhos viajarão em breve: a vida após a morte.

Em muitos casos, é difícil traçar uma linha nítida entre antepassados e divindades. A cada nova geração, os mortos tendem a se tornar mais abstratos, à medida que suas características despojam-se dos traços de sua humanidade e, como joias rarefeitas, emerge um ancestral. Às vezes, em algum momento desse processo, ocorre um salto quântico que transforma o ancestral em divindade. Os espíritos aquáticos chamados *simbi*, pelo menos para alguns BaKongo, são considerados ancestrais que envelheceram e rejuvenesceram inúmeras vezes na vida após a morte (cf. MAcGAFFEY, 2000, p. 27, 123). O povo BaKongo acredita que os antepassados envelhecem aos poucos e, em algum momento, despem-se de sua pele e tornam-se jovens novamente. A certa altura, em vez de rejuvenescerem, eles deslizam até a água, evento a partir do qual eles começam a ser um *simbi*.

Casos raros – tais como um nascimento incomum – farão com que uma pessoa torne-se uma divindade menor logo após a morte. Por exemplo, entre os Iorubá, entre os Fom e em muitas outras culturas da África Ocidental, os gêmeos humanos são considerados espíritos divinos. Após a morte, eles passam a ser venerados em cultos que dizem respeito, mas têm diferenças em relação, ao culto dos ancestrais. O povo Iorubá considera extremamente perigosa a morte de um dos gêmeos, que deixaria o par separado pelo abismo da morte. Acredita-se que os dois tentarão se reunir, a menos que se tomem ações rituais para garantir que o gêmeo falecido permaneça feliz enquanto o outro gêmeo vive o resto de sua vida natural. Isso também explica por que uma estatueta dos gêmeos (*ère ìbejì*) é encomendada por seus pais e esculpida como um símbolo que representa o irmão falecido e parceiro do gêmeo vivo.

Divindades em conflito

Hoje não há lugar no continente africano onde o politeísmo – ou seja, a adoração de múltiplos deuses – não seja extremamente controverso e combatido. Nos séculos passados – e, de fato, até muito recentemente –, as religiões tradicionais africanas eram com frequência praticadas junto com o islamismo e o cristianismo. Não se trata de pintar um quadro cor-de-rosa exagerado das relações inter-religiosas: é claro que houve períodos de intenso conflito religioso, guerra santa e jihad no passado. Porém, as relações inter-religiosas na África de hoje alcançaram um nível de intolerância quase sem precedentes graças, em grande parte, à popularidade crescente e rápida de formas radicais de cristianismo evangélico e de islamismo. Enquanto muçulmanos e cristãos lutam de forma rotineira e, em geral, violenta uns contra os outros pelo controle do espaço público e pela alma das pessoas, eles compartilham um inimigo comum na figura dos praticantes das religiões tradicionais africanas. Esses são muitas vezes rotulados, de maneira equivocada, de pagãos, de bruxos e de feiticeiros.

Como sempre ocorreu com as grandes conversões culturais de uma religião para outra, muitos elementos das religiões tradicionais africanas foram absorvidos pelo islamismo e pelo cristianismo no continente. Atributos que uma cultura associa às múltiplas deidades e aos diversos seres espirituais são frequentemente transferidos para o Deus uno e único da nova fé monoteísta. A veneração de ancestrais é em geral permitida, sancionada como uma prática "cultural" mais do que como uma prática expressamente religiosa, e a veneração de heróis culturais também é muitas vezes admitida com o mesmo argumento. Porém, em uma fé monoteísta, não há lugar para outras divindades. Por isso, os deuses tradicionais africanos são chamados de demônios e espíritos malignos. Em alguns casos, seus nomes chegam a ser usados como sinônimos de Satanás. Por exemplo, muçulmanos da Nigéria costumam empregar o nome da divindade iorubá Exu para se referir ao diabo, em vez de utilizarem o nome árabe mais convencional Iblis (Sàtánì).

Nem toda ofensiva contra o politeísmo é religiosa. Durante o controle colonial da África, praticantes de religiões tradicionais geralmente ficavam sob fogo dos governantes coloniais, que as consideravam antimodernas, antiocidentais e fonte provável de instabilidade e revolta. Os britânicos tendiam a promover a conversão ao cristianismo, em particular à fé anglicana. Em alguns casos, os franceses encorajaram a prática do Islã, acreditando, ironicamente, que ele teria um potencial menos revolucionário do que o cristianismo. Seja como for, quase todas as autoridades coloniais concordaram que as religiões tradicionais africanas eram perigosas, e a maioria dos códigos de lei coloniais incluíram estatutos contra a bruxaria e a superstição – duas acusações que poderiam ser levantadas contra seus praticantes.

Em certo sentido, as autoridades coloniais tinham razão em se preocupar. Em numerosos casos, o culto às divindades tradicionais serviu, com efeito, como um local de resistência contra o domínio colonial. A adoração de uma divindade tradicional em Gana fomentou a possibilidade de desafiar e subverter o governo colonial britânico. Como descrito por Allman e Parker (2005, p. 1-181), Tongnaab é um deus dos Talensi, um povo que vive, em sua maioria, na savana do norte de Gana. Os Talensi eram conhecidos por sua resistência inflexível e às vezes violenta ao controle colonial. As Colinas de Tong, em que o culto a Tongnaab está centrado, também se tornou um local de organização da resistência Talensi, e, depois de terem sido violentamente invadidas em 1911, a adoração a esse deus foi banida de forma definitiva. Mas os britânicos não entenderam a verdadeira extensão do culto de Tongnaab, e em especial nem perceberam que as Colinas de Tong eram o lar de muitos santuários a esse deus, não apenas de um. Assim, sempre que os britânicos destruíam um santuário, bastava que os adoradores passassem para outro – em certo sentido, eles assim alardeavam a incapacidade dos britânicos em controlar suas atividades. A certa altura, os britânicos foram simplesmente obrigados a aceitar a adoração desse deus e mais uma vez legalizaram as práticas religiosas em certos santuários, a fim de criar a aparência de que controlavam o fluxo de peregrinos.

Com o tempo, o culto de Tongnaab deslocou-se para o sul da Gana metropolitana, onde passou a se ocupar essencialmente com a caça às bruxas. Mais uma vez, tal iniciativa teve de lidar com a resistência de autoridades coloniais. Essa "indústria" de caça às bruxas era considerada, pelas autoridades coloniais, contrária aos projetos de cristianização, modernização e ocidentalização. No entanto, tais autoridades não sabiam como proceder. Não estava evidente que esses santuários fossem ilegais ou que pudessem ser processados por extorsão. Em 1930, o governo colonial finalmente respondeu, retirando a bruxaria do código penal e tornando, assim, ilegal esse tipo de caça.

Apesar dessa mudança legal, um dos mais importantes líderes desses cultos, Assifu, continuou a praticar a caça às bruxas em seu santuário. As autoridades foram ineficazes em fechá-lo, e os seus advogados apresentaram queixas formais de que ele estava sendo injustamente assediado. Dossiês equiparavam o trabalho que ele fazia à biomedicina moderna e lembravam que o governo certa vez já tinha emitido licenças para "médicos nativos", uma licença que Assifu possuía. Sendo assim, a prática de Assifu não seria em nada diferente da psiquiatria. Em 1931, foi fundada a Sociedade de Herboristas Africanos, como organização profissional de curandeiros nativos. Em 1940, o Conselho Estadual de Akyem Abuakwa regularizou os procedimentos de licenciamento para médicos nativos e exigiu que qualquer pessoa interessada em fundar "algum culto" adquirisse primeiro uma licença. O Conselho da Confederação Axante seguiu logo o mesmo procedimento com regulamentos semelhantes. Noutros lugares, particularmente na região de Ewe, os cultos de caça às bruxas continuaram a existir em tensão com o governo e a sociedade cristã em expansão. Muitas autoridades britânicas continuaram a considerá-los suspeitos, como prováveis abrigos para "sentimentos nacionais". Contudo, a mudança da discussão feita pelos Axante – antes centrada em torno dos "fetiches" e agora deslocada para a questão da "medicina nativa" – teria um impacto duradouro ao enquadrar a defesa das práticas religiosas tradicionais em termos que tivessem mais relevância cultural e jurídica.

Em muitas áreas do continente africano, a propagação do islamismo e do cristianismo tem sido tão completa que poucos continuam praticando alguma forma de religião tradicional. Mas isso não significa que as pessoas tenham esquecido os deuses antigos completamente ou que elas tenham abandonado uma visão de mundo habitada por numerosos espíritos. Muitos convertidos continuam praticando a veneração ancestral. Em alguns casos, os cultos espirituais persistem sob formas consideradas consistentes com o monoteísmo. Em quase toda a África Ocidental muçulmana, a crença nos *djinn* prospera. *Djinn* são espíritos descritos pelo Alcorão como criações de Alá feitas a partir do fogo. Em muitos casos, são vistos como o mal absoluto; em outros, têm o caráter de trapaceiros, de *tricksters*, não necessariamente maus, mas amorais e capazes de cometer grandes males. Os *djinn* costumam viver em lugares selvagens e estão intimamente associados aos poderes da natureza e da magia. Para um coração robusto, os *djinn* podem às vezes ser uma fonte de talento e poder, e há inúmeras histórias da África Ocidental de pessoas que recebem habilidades notáveis dos *djinn*. Talvez uma das mais famosas dessas narrativas esteja relacionada à origem da corá, a harpa da África Ocidental. O povo Mande, que vive em numerosos países, incluindo Senegal e Mali, credita a origem da corá a um herói cultural chamado Wuleng. Segundo a lenda, Wuleng descobriu um *djinn* tocando o instrumento em um bosque e pediu-lhe que o ensinasse a tocá-lo. O *djinn* barganhou as lições em troca do casamento de Wuleng com sua filha e de sua permanência no mundo espiritual para sempre. No entanto, o herói acabou conseguindo escapar de seu acordo e retornou para compartilhar a música da corá com o povo Mande.

Lendas à parte, há também cultos espirituais ligados aos *djinn* encontrados em todo o oeste e o norte da África. Curiosamente, em geral eles são liderados por mulheres e têm congregações quase exclusivamente femininas. Isso indica que eles constituem uma arena vital para a experiência religiosa da mulher dentro de uma cultura religiosa centrada muitas vezes nos homens. Tais cultos praticam formas de *ecstatic dance* que buscam canalizar o poder dos *djinn*. Mesmo que sejam considerados tabu, sua popularidade atesta a necessidade que eles atendem. Mesmo para aqueles que não se envolvem em tais práticas, a crença nos *djinn* é quase universal na África e está dentro do que se considera normal buscar a ajuda de um marabuto – uma espécie de santo muçulmano místico e ascético – para exorcizar um *djinn* ou mitigar sua influência maligna. Compreender essas práticas fornece não apenas uma visão importante da situação das religiões tradicionais na África, mas também um entendimento mais matizado do islamismo e do cristianismo praticados no continente. Sendo religiões vivas, todas elas estão constantemente em interação umas com as outras e em transformação para atender as necessidades de seus congregantes.

3
Autoridade sagrada: reinado divino, sacerdotes e videntes

A autoridade sagrada na África é diferente das noções estereotipadas ocidentais de liderança secular, uma vez que os monarcas, chefes e anciãos africanos cumprem papel tanto político quanto religioso. A tão propagandeada divisão ocidental entre a religião e o corpo político é geralmente muito mais uma ficção jurídica do que uma realidade. Para dar apenas um exemplo, nas últimas décadas, políticos americanos valeram-se cada vez mais da linguagem religiosa ao justificar suas atividades políticas. Na verdade, durante grande parte da história do mundo ocidental, a religião e a política misturaram-se livremente. Até pouco tempo atrás, as visões europeias sobre a realeza assemelhavam-se muito aos modelos africanos, com a crença em um rei divinamente nomeado. Em alguns casos, os reis europeus continuam a cumprir papéis religiosos. A rainha da Inglaterra era líder tanto do governo secular quanto da Igreja do país. Da mesma forma, os líderes das sociedades tradicionais africanas influenciam o saber secular e religioso, bem como a orientação dada a seus súditos, ao mesmo tempo que são protetores e guardiães de centros religiosos como santuários, templos e florestas sagradas.

Em alguns casos, também se afirma que os reis têm poderes místicos e de sustentação da vida, estando seu próprio bem-estar em relação íntima com o bem-estar de seu povo, suas terras e suas instituições. Por essa razão, os reis africanos são submetidos muitas vezes a tabus rigorosos ao extremo, que definem a forma como sua pessoa pode ser tratada ou descrita a partir de uma relação indicial entre o corpo do rei e o corpo do reino. O Ooni de Ifé, o mais alto rei iorubá, também é considerado a encarnação de orixá na terra, e sua saúde está intimamente ligada ao bem-estar de todo o povo Iorubá. Devido a seu elevado *status*, ele não pode ser abordado diretamente; não pode ser visto por espectadores casuais quando se envolve em diversas atividades humanas comuns, como comer; também não se podem mencionar suas doenças, nem sua morte. Numerosos eufemismos elaborados são usados para falar sobre seu corpo ou sobre suas necessidades terrenas e físicas. Embora o Ooni Olubuse II, por exemplo, tenha sido mais moderno do que muitos de seus antecessores, ele ainda passava muito de seu tempo dentro de seu complexo palaciano, onde os dias são ordenados em torno de questões e funções judiciais, ou ao redor de requisitos e atos rituais.

O alto rei do povo Axante de Gana, chamado de *Asantehene*, compartilha muitos desses mesmos tabus. Ele fala com os outros e os outros falam com ele por meio das triangulações de um auxiliar de alto escalão. Como sua saúde física está misticamente ligada à do reino Axante, caso ele sucumba a qualquer fragilidade terrena, isso não pode ser reconhecido. Quando espirra, todos os ministros na corte espirram também, ao mesmo tempo; assim, por meio desse ritual, negam que o Asantehene espirrou e afirmam que foram apenas eles que o fizeram.

Grupos nilóticos no sudeste do Sudão associam desastres ao seu rei e procuram acalmá-lo, em busca de paz. De acordo com Simon Simonse, a fúria do rei com o povo resulta em seca, más colheitas e doença. Por isso, o povo busca aplacar seu monarca, o *ohobu lohuju* ("rei da chuva"), pedindo-lhe que os perdoe e libere a energia divina que garante chuva abundante para os campos e o gado. O rei usa pedras de chuva e cacos multicoloridos de pedras, como o quartzo, para alterar o clima. Apesar de o poder do monarca continuar sendo o mais reverenciado, líderes de clãs também detêm habilidades importantes. O Mestre dos Vermes, o Mestre dos Ventos e o Mestre dos Gafanhotos são responsáveis por permitir ou impedir que esses agentes perturbem a comunidade. Da mesma forma, o Mestre dos Grãos sanciona o consumo de novas colheitas. Equivalentes à posição de um ministro nas estruturas estatais modernas, os titulares desses cargos são responsáveis pelas diversas pastas, que, mantidas coletivamente, asseguram boa governança, coexistência pacífica e prosperidade econômica para o povo.

Os Nyamwezi da Tanzânia também associam a chuva e a seca a seu rei. Com efeito, o corpo do soberano é visto como uma extensão da própria terra. A relação saudável do rei com os ancestrais assegura uma chuva adequada (cf. TCHERKÉZOFF, 1987, p. 69-75). Se os sacrifícios rituais iniciais não alteram o clima, então o rei é espancado até as lágrimas. Suas lágrimas, de acordo com a tradicional visão de mundo dos Nyamwezi, invocarão as outras águas do céu, que os antepassados, em última instância, controlam. Grupos nativos como os Kafa, Seka e Bosa – que vivem nas terras altas do povo Kafa, no sudoeste da Etiópia – relacionam o cosmo ao corpo de seu rei que, assim se presume, encarna o bem-estar físico do grupo. Mais especificamente, considera-se o rei um segundo sol. O rei só come após o pôr do sol, pois uma refeição durante o dia sugeriria a presença simultânea de dois sóis (cf. LANGE, 1976, p. 3-4, 25-26, 28-33). Comer após o pôr do sol também indica que o sol está rejuvenescendo sua energia para se levantar no dia seguinte. Em contraste com o obá (rei) do reino de Benim na Nigéria, cuja saúde incorpora todo o bem-estar do reino, em Adô Equiti, também na Nigéria, o obá (ali chamado de Èwí) não só está diretamente ligado ao bem-estar de sua cidade, mas também intercede pelas bênçãos dos deuses e compartilha-as com a comunidade.

Separações acentuadas entre diferentes tipos de autoridades sagradas tornam-se difíceis de sustentar, pois as pessoas encarregadas muitas vezes absorvem mais de uma responsabilidade. Um padre pode ser adivinho, um rei pode ser profeta, um vidente pode ser um padre, e um profeta pode ser um vidente e um adivinho. Cada função serve a propósitos únicos, porém inter-relacionados. Os médiuns espirituais, membros de uma família ou um clã que são responsáveis pela comunicação entre humanos e deuses ou antepassados, estão entre os líderes religiosos mais poderosos. Da mesma forma, os videntes são vitais para a comunicação com o mundo espiritual. Como exemplos de práticas divinatórias de todo o continente revelam, eles atuam como intermediários entre o mundo sobrenatural e o mundo humano. Decifram significados ocultos a fim de enfrentar infortúnios, doenças, morte e calamidade, ou para prever boas-novas e ocorrências futuras. Em muitas visões de mundo africanas, os seres espirituais têm conhecimento sobre a *razão* por detrás dos desastres. É função do vidente selecionar adequadamente, entre os vastos conhecimentos sagrados que ele ou ela tem, aquilo que tem relevância para elucidar a situação de seu cliente.

A vidência é um componente integral das religiões africanas. Ela concede acesso ao conhecimento sagrado e expõe a causa de eventos positivos e negativos, tanto na vida da comunidade como nas vidas individuais. Processos divinatórios revelam sentimentos e mensagens das divindades aos seres humanos. Há incontáveis métodos divinatórios nas sociedades africanas. Alguns fazem uso de objetos consagrados, que o vidente joga e interpreta. Outras técnicas levam o adivinho a falar a partir de um estado de consciência alterado, por meio do qual os deuses ou antepassados pronunciam-se. Há também uso de ferramentas complexas, vastos repertórios orais e visões do mundo que caracterizam os sistemas divinatórios da África.

Figura 2 – O falecido Ooni do Ifé, Sir Adesoji Aderemi, durante o festival Olojo e a celebração em Ifé, na Nigéria. O Olojo é o festival da realeza sagrada do povo falante de língua iorubá da Nigéria.

Divinação mediúnica

A divinação mediúnica são formas de vidência nas quais um sacerdote, vidente ou curandeiro tradicional entram em comunicação direta com o mundo espiritual a fim de acessar e transmitir um conhecimento secreto ao cliente. Estudos sobre os Sukuma no noroeste da Tanzânia concluem que a divinação mediúnica implica possessão espiritual, agenciamento do espírito humano e acolhimento de saberes imprevistos, revelados por meio de sonhos ou de um guia ancestral que se comunica com o vidente no auge de seu estado alterado (cf. STROEKEN, 2006). O sonho também funciona como um estado alterado de consciência para o *laibon* (vidente) do povo pastoral Samburu no Quênia (cf. FRATKIN, 2004). A clarividência deles expressa-se por sonhos, que fornecem visões que lhes permitem conhecer o passado, o presente e o futuro. A vidência entre os Samburu também se faz lançando objetos sobre uma cabaça, técnica divinatória chamada *nkidong*. Nessa técnica, o vidente sacode uma cabaça cheia de numerosos objetos — como dentes de hiena, mármores, búzios, nós de couro, chifres de animais, peças de termômetros de vidro, balas e contas (de colar) —, cada um deles com um significado simbólico, que evoca a energia divina necessária para realizar o trabalho de adivinhação. Uma numerologia única define a "leitura" dos objetos feita pelo vidente, tão logo eles sejam lançados. Ele também extrai sentido das configurações dos objetos, observando suas posições uns em relação aos outros.

A divinação entre os Yaka no sudoeste da República Democrática do Congo também depende da clarividência do vidente e de sua capacidade de identificar a causa, o tempo exato e o perpetrador do problema que leva o cliente a consultá-lo (cf. DEVISCH, 2004). Sem qualquer informação obtida das pessoas presentes, o vidente deve sondar a natureza da situação, determinando se ela deve ser imputada à feitiçaria, doença, perda ou outro infortúnio. Na visão de mundo yaka, membros da família, vivos ou mortos, podem impedir o fluxo da vida de um indivíduo. O vidente yaka muitas vezes localiza a origem do problema em algum lugar na árvore genealógica, possivelmente nomeando um tio-tataravô materno como alguém de intenções maliciosas. Como em muitas sociedades africanas, há uma crença geral de que a feitiçaria começa em casa. Um provérbio iorubá afirma que, embora seja um forasteiro, o inimigo malfeitor tem um mensageiro, um informante, entre aqueles com quem se tem alguma relação.

A divinação mediúnica na República Democrática do Congo às vezes se manifesta como uma confluência cultural e religiosa, que combina cristianismo e práticas espirituais nativas. Um homem na cidade de Matadi nomeou-se pastor regional para a Igreja do Espírito Santo. Esse ministro conduz sessões de cura com adivinhações que utilizam várias práticas cristãs (cf. JANZEN; MAcGAFFEY, 1974, p. 75-77). De acordo com a narrativa, a Igreja do Espírito Santo é protestante, mas a cerimônia exige que o ministro use batina, e suas assistentes femininas, trajes de freiras. As seleções musicais durante esse rito incluem hinos evangélicos, católicos e protestantes e servem para transportar o ministro para um estado de êxtase. Quando ele começa a tremer e falar em línguas, os participantes sabem que ele está em transe e pronto para lidar com os problemas do cliente. Em uma voz aguçada e oriunda de outro mundo, o ministro canaliza um espírito que então diz à pessoa doente, na língua quicongo, a fonte de seus males e os remédios apropriados.

O conhecimento revelado por fontes sobrenaturais não escapa à revisão crítica de quem busca tais vidências. A divinação por possessão de espíritos entre os Nyole do leste de Uganda muitas vezes é realizada como uma conversa de três vias, entre os espíritos, o vidente e o cliente (cf. WHYTE, 1991). O vidente evoca espíritos de tios-avós maternos falecidos com invocações musicais, sacudindo dois guizos de cabaça em ritmos concebidos para induzir a possessão. Em alguns casos, os espíritos falam pelo vidente ao cliente, usando a boca e o corpo dele para se comunicar. Em outros, os espíritos podem optar por falar com o vidente, que então traduz a mensagem para o cliente. Muitos grupos étnicos africanos certificam-se da validade da revelação feita pelo vidente consultando alguém bem distante de sua comunidade, cujo viés é menos suscetível de ser influenciado por rumores; já os clientes do povo Nyole expressam seu acordo ou seu desacordo em relação às revelações espirituais durante a sessão. A informação flui entre o cliente, o vidente e os seres sobrenaturais, a fim de chegar a uma conclusão adequada. Os clientes que ficam satisfeitos com as informações fornecidas realizam os ritos de sacrifício recomendados pelo vidente. Quem discorda totalmente do resultado pode optar por não o recompensar e buscar orientação em outro lugar.

Vez ou outra, a divinação mediúnica tem sido alvo de obstáculos impostos por autoridades e outros tipos de liderança religiosa que as consideram uma forma perigosa, rude ou potencialmente volátil de buscar a assistência dos espíritos. Durante seu reinado em Daomé (atual República do Benim) no início do século XIX, o Rei Agadja proibiu a divinação *gbo*, prática divinatória na qual um sacerdote evocava a voz de um parente morto, emitida desde um pote de barro. Também proibiu a adoração de numerosos vodus, espíritos que podiam ser consultados por seus adeptos por meio de um médium possesso. Por outro lado, Agadja incentivou a prática da divinação Fa, importada de Iorubalândia, onde era conhecida como Ifá. Essa prática não dependia da possessão, mas sim de um sistema rigorosamente ordenado de consulta a um *corpus* fixo de textos sagrados. Na opinião de Agadja, era provável que o sistema regulamentado Fa traria menos problemas para a consolidação e a centralização de seu poder político e religioso, em comparação com as imprevisíveis formas de divinação *gbo* e vodu.

Divinação: instrumentos e textos sagrados

Os instrumentos de divinação variam em complexidade conforme se percorre o continente. Em alguns casos, o processo requer apenas uma noz de cola cortada pela metade ou quatro conchas de cauri. Outros métodos empregam cestas carregadas de uma miríade de objetos cujos significados e disposições potenciais o vidente deve memorizar. Os exemplos a seguir descrevem as ferramentas e técnicas que os videntes utilizam para acessar conhecimentos ocultos.

69

A divinação Ifá, praticada pelos Iorubá do sudoeste da Nigéria, é um sistema divinatório muito estudado, também presente nas religiões da diáspora africana em todas as Américas, incluindo o candomblé brasileiro e a regla de ocha cubana (santeria). A divinação Ifá também foi adotada por muitos vizinhos dos Iorubá, incluindo o povo Fom da atual República do Benim, que a conhece como Fa ou Afa. Tal divinação utiliza uma corrente divinatória (opelé-ifá) sobre a qual cascas de nozes estão anexadas. A corrente tem quatro cascas em cada lado. Para lançar a divinação, o vidente (babalaô, literalmente "pai dos segredos") segura a corrente no meio e joga-a sobre seu tapete, fazendo um "U" no chão. Cada casca de noz, cortada pela metade, cairá com seu lado de cima ou de modo côncavo (aberto) ou convexo (fechado). Alternativamente, nozes de palma podem ser passadas de uma mão para a outra, com o número restante sendo contado. Após cada lance, uma marca é feita no pó de madeira, que foi espalhado pela bandeja de divinação. Conforme o jogo completa-se, um padrão de dados binários é criado na bandeja divinatória, que fornece o "número de chamada" para um dos odus no corpo do Ifá.

Figura 3 – Uma reunião dos sacerdotes anciãos do Ifá de Ilá Orangum na Aafin do Obá de Ilá Orangum em agosto de 1982. A sessão divinatória do Ifá, chamada Ifá idagba, é realizada para saber quais sacrifícios e oferendas o Obá deve fazer durante o festival de Orò para garantir o sucesso desse festival.

Existem 16 odus principais, e cada um tem 16 subcapítulos, para um total de 256 possibilidades. Cada odu é uma coleção de poemas, mitos, provérbios e remédios que o vidente memorizou e cujo conteúdo começa então a recitar. A poesia de divinação Ifá tende a ser bastante obscura e oblíqua, difícil de entender mesmo para quem é bem-versado em sua cosmologia. O vidente geralmente deve ajudar o cliente a entender o sentido manifesto, bem como o sentido esotérico das recitações. Nessa fase do processo, a cliente identifica quais textos orais parecem relevantes para sua situação e revela seu problema. Depois de mais perguntas, o vidente então oferece sua interpretação final do texto selecionado e, durante o processo, determina a fonte do dilema. Normalmente, ele prescreve um ritual de sacrifício ou remédios medicinais à base de ervas para curar a cliente. O sacrifício pode ser um animal, mas também pode ser vegetais, um pedido para dizimar, a introdução de uma prática ascética ou mesmo a conversão religiosa. A poesia oral (*ese ifá*) do odu recitado pelo babalaô, e que corre por milhares de versos desconhecidos, tem sido objeto de muita pesquisa de estudiosos. O *corpus* constitui uma enciclopédia do conhecimento e da história iorubá e aborda diversos temas e questões da vida humana.

Existe um sistema de divinação similar, mas distinto entre os povos de língua ngas, mupun e mwaghavul-chadic do planalto de Jos, no sudeste da Nigéria. Há semelhanças e dissemelhanças entre os sistemas Ifá e Pa (cf. DANFULANI, 2000). Ambos utilizam ferramentas específicas. A divinação Pa envolve 30 seixos de rio carregados em uma casca de tartaruga. Acredita-se que os espíritos do rio imbuem essas pedras com a capacidade de revelar informações ocultas. A limpeza ritual e o enxágue diário com água do rio ajudam a manter o poder das pedras. O sentido da casca de tartaruga provém de um mito no qual uma delas esconde pedras especiais em sua casca enquanto desce à terra. Tal como no Ifá, o processo de divinação produz um código binário. Após lançar os seixos, o vidente (*ngu-kos-Pa*) usa seu dedo para marcar quantos deles caíram sobre o chão. Ele indica uma pedra fazendo uma única reentrância em um pó especial. Duas pedras recebem duas pinceladas. Ao contrário da divinação Ifá, o processo Pa requer dois ou mais videntes: um para lançar as pedras e registrar os resultados, e outro para interpretar o resultado. Em vez de permitir que o cliente selecione quais informações são pertinentes ou não para sua situação, como acontece no Ifá, a tradição do Pa exige que o cliente parta e confesse seus erros a um confidente, confirmando assim as conclusões do vidente. Em alguns casos, divindades, feitiçaria ou raiva reprimida causam a aflição de uma pessoa. Cada caso exige remédios específicos de ervas ou de sacrifícios, que o vidente prescreve.

Há diversas semelhanças entre a divinação de quatro tabuletas, difundida entre grupos do sul da África, como os povos Xonas e Tswana, e os métodos divinatórios encontrados na África Ocidental. A semelhança mais marcante é que as quatro tabuletas retangulares compõem uma das 16 combinações possíveis quando lançadas. Cada combinação de tabuletas dispostas para cima ou para baixo tem um nome específico e corresponde a um determinado discurso oral recitado pelo vidente durante a consulta. Um sistema binário sustenta esse método, e cada tabuleta tem marcas distintas para identificá-la como anciã ou jovem, masculino ou feminino. Não se trata de dizer que o Ifá inspirou a divinação de quatro tabuletas, ou vice-versa, mas sim de sugerir que ambos podem estar relacionados à geomancia árabe (*'ilm al-raml*), que também usa um sistema com base em 16 combinações (cf. VAN BINSBERGEN, 1996). Nenhuma pesquisa, porém, chegou a resultados conclusivos sobre essa questão.

Sikidy, um complexo sistema de divinação matemática entre os Sakalava de Madagascar, requer que o *ombiasa* (vidente) faça quatro montes de sementes de acácia. Ele então soma o número total do primeiro monte. Se for par, cria uma nova coluna, pondo de lado duas sementes. Se for ímpar, põe de lado apenas uma. O *ombiasa* procede dessa maneira até que tenha somado as quatro colunas, produzindo assim uma quinta. Essa técnica continua até que o vidente produza, no máximo, 12 colunas. O conhecimento sagrado orienta a interpretação do *ombiasa*. Nesse caso, o nome único de cada coluna e sua localização específica (ponto cardeal e notação como escravizado ou príncipe) vai guiar a conclusão divinatória. Os Sakalava acreditam que uma divindade chamada Zanahary fala aos seres humanos por meio do *sikidy*, permitindo que as sementes revelem verdades desconhecidas (cf. SUSSMAN; SUSSMAN, 1977). Clientes e videntes usam esse método para entender o passado, o presente e o futuro.

Enquanto algumas técnicas de divinação combinam textos orais sagrados com símbolos concretos, os videntes do povo Nyole (da África Oriental), chamados de *lamuli*, consultam diretamente livros escritos em árabe como o Alcorão, o Sa'atili Habari e o Abu Mashari Faraki. Durante a divinação, ocorre uma conversa de três vias: o vidente seleciona aleatoriamente um texto em árabe, recita essa passagem e em seguida a traduz para o cliente, que quase sempre não entende tal língua. Por meio desse processo, o texto é definido como um interlocutor autônomo na discussão. A principal tarefa de um *lamuli* é explicar como as passagens escolhidas por acaso relacionam-se com o problema do cliente. Textos selecionados do Sa'atili Habari permitem-lhe discernir a numerologia em torno do incidente. O Abu Mashari Faraki fornece ao vidente informações sobre a causa do problema e a solução medicinal ou ritual. Embora a divinação por livros difira bastante dos métodos de possessão espiritual comuns entre os Nyole, ambos os métodos compartilham uma mesma função: restaurar o bem-estar físico e espiritual. Os sistemas de divinação africanos que fazem referência às tradições islâmicas são usuais em lugares onde o Islã e a religião tradicional misturaram-se por séculos, em geral muito antes da introdução do cristianismo. O uso do Alcorão para a bibliomancia, a divinação por meio da seleção de passagens selecionadas aleatoriamente, é amplamente difundido. Também há muitos cristãos africanos usando a Bíblia de maneira semelhante.

Ainda que forneçam algum vislumbre da variedade de práticas divinatórias existentes na África, os casos mencionados não são nada exaustivos. Muitas vezes, a divinação é muito simples, dependendo menos de ferramentas e mais dos talentos espirituais de um praticante específico. Os devotos de Mami Uata na República de Benim (cf. BATTLE, 2010, p. 44) às vezes usam uma forma de divinação ligada à observação da água, prática durante a qual o vidente – operando mais como um médium – olha para superfície de um recipiente de água e entra em comunicação com uma divindade, que adivinha o futuro. Em outros casos, a divinação pode ser extremamente elaborada, mas de uma forma que não envolve textos de jeito nenhum. O povo Dogon de Mali pratica a divinação da raposa. Quando a noite cai, o vidente traça um elaborado padrão gradeado na areia, com cada seção da grade representando diferentes aspectos da vida do cliente ou da aldeia. Ele então recitará poesias que pedem à raposa – animal sagrado para o povo Dogon – que venha e dê uma resposta. Pela manhã, o vidente volta para examinar qualquer rastro que a raposa tenha deixado sobre a grade durante a noite; a partir desses rastros, a resposta ao problema é interpretada.

Bruxaria e feitiçaria

Em oposição àqueles que exercem o poder sagrado para fins legítimos e socialmente sancionados, há a sombra daqueles que o utilizam para fins nefastos e egoístas – as bruxas e os feiticeiros do mundo africano. Como ponto de partida, é importante notar que a bruxaria africana não tem absolutamente nenhuma relação com as práticas religiosas neopagãs modernas, que às vezes utilizam a palavra "bruxaria" (ou, mais comumente, Wicca) como o nome de sua religião e identificam seus praticantes como bruxos ou bruxas. Essas pessoas praticam uma religião centrada em uma visão feminina de divindade e focada na veneração da natureza e no bem-estar holístico. As visões africanas sobre bruxaria e feitiçaria não têm nenhuma conexão com isso, e é importante que o leitor não cometa o erro de ligá-las de forma alguma.

Na África, a bruxaria é entendida, em uma definição quase universal, como a manipulação de forças ocultas para prejudicar alguém e alcançar fins egoístas. Via de regra, quem a pratica é uma pessoa marginal – viúvas, idosos, forasteiros, estranhos, pessoas isoladas ou hostis, aquelas cuja posição na sociedade, na aldeia ou na linhagem é tênue. Com algumas exceções, as bruxas são quase sempre mulheres. Elas podem causar todo tipo de males, doenças, má sorte, infortúnio, ruína financeira, desamparo, fracasso de colheitas e morte. Bruxas raramente atacam estranhos, pelo contrário, costumam concentrar sua malevolência em pessoas que conhecem, em especial membros da família. Uma das razões mais comuns para alguém ser suspeito de bruxaria é parecer inexplicavelmente mais bem-sucedida do que seus vizinhos; ou seja, quando tem uma casa um pouco melhor, consegue mais comida, suas colheitas são melhores, ou tem um pouco de dinheiro extra. Tudo isso sugere que ela pode ter usado poderes ocultos para roubar essas bênçãos de outras pessoas. O principal crime das bruxas é sempre serem antissociais; são pessoas que, dentro da comunidade, trabalham em segredo contra os outros em seu próprio benefício.

Nem sempre é claro se as crenças africanas sobre bruxaria descrevem as atividades de pessoas reais ou se, pelo contrário, tratam de uma crença geral em uma espécie de bicho-papão. De um lado, certamente há pessoas reais na África que procuram a ajuda de poderes ocultos para fazer o mal; de outro, muitas das crenças relacionadas às bruxas pintam a imagem surrealista de uma criatura que não é inteiramente humana. Em geral, acredita-se que as bruxas podem deixar seus corpos à noite na forma de pássaros e voar para cometer algum tipo de mal, bem como podem se transformar em carros e aviões. Também é comum acreditar que elas podem voar durante a noite até continentes distantes, retornando pela manhã; que podem roubar o sangue e os fluidos reprodutivos das pessoas enquanto dormem; e que comem crianças.

O povo Kgaga da África do Sul acredita em mulheres com poderes sobrenaturais, habilidades perigosas que são herança matrilinear (cf. HAMMOND-TOOKE, 1981, p. 95-101). Essas bruxas, capazes de se transformar em animais noturnos, atacam suas vítimas com venenos que esmagam o corpo em dor. Elas ameaçam a ordem normal da sociedade, diminuindo a fertilidade da terra e das pessoas. Uma grande diferença entre bruxas e feiticeiros é que elas só utilizam poderes inatos, ao passo que eles manipulam remédios tradicionais (tais como plantas e amuletos). A feitiçaria é uma tecnologia nativa implementada para manipular o sagrado visando fins negativos. Com efeito, é tênue a linha que distingue curandeiros, bruxas e feiticeiros. A única diferença é que os primeiros procuram gerar resultados que sustentem a vida, enquanto os praticantes de feitiçaria e bruxaria buscam a destruição.

As distinções de gênero entre aqueles que exercem tais poderes para fins negativos variam de grupo para grupo. Na língua iorubá, um feiticeiro é chamado oxô e uma bruxa é chamada ajé. Na tradição desse povo, oxô é quem pratica a má medicina e usa objetos ou tecnologia nativa para manipular o sagrado, produzindo efeitos prejudiciais à vítima. Ele também poderia usar esse poder para gerar riqueza repentina e imerecida, que não dura muito tempo e muitas vezes termina na destruição do cliente. As bruxas, ajés, são em geral mulheres e às vezes são chamadas eufemisticamente de "as mães". Por outro lado, entre os Bakweri do Congo, tanto homens quanto mulheres podem praticar *liemba*, que significa "bruxaria". Uma crença comum nessa comunidade sustenta que as bruxas comem as sombras de suas vítimas para matá-las. Curiosamente, o consumo é um tema comum das diferentes crenças africanas sobre feitiçaria. O povo Lozi da Zâmbia afirma que bruxas e feiticeiros consomem a carne do cadáver de sua vítima para aumentar seus poderes (cf. TURNER, 1952, p. 51-52). As motivações para usar algum poder negativo contra outra pessoa variam. Os grupos Ngas, Mupun e Mwaghavul da Nigéria identificam a inveja e uma intensa raiva oculta como a força por trás de eventos negativos. Para muitos outros, trata-se meramente do resultado de má formação moral inerente.

Muitas visões de mundo africanas afirmam que as forças sobrenaturais permanecem neutras até que alguém decida como usá-las. Videntes e curandeiros tendem a fazer uso desses poderes de forma positiva, enquanto bruxas ou feiticeiros fazem-no negativamente. Porém, os Tiv da Nigéria central têm uma visão mais complexa sobre essa questão, pois acreditam que o *tsav*, palavra que pesquisadores anglófonos traduzem por *witchcraft* (bruxaria), existe até certo ponto em todas as pessoas. Estudos sobre esse povo descrevem o *tsav* como uma substância física localizada ao redor do coração de um indivíduo (GBENDA, 2008). Os especialistas espirituais tiv conduzem autópsias para determinar se o falecido praticou um *tsav* positivo ou negativo. Como outros grupos étnicos africanos, os Tiv acreditam que o *tsav* negativo provoca acontecimentos infelizes e dificulta o acesso à riqueza. O oposto, entretanto, caracteriza não só os videntes mas também líderes e carismáticos destacados, o que lhes permite demandar a lealdade e o favor das pessoas. Em outras palavras, a bruxaria não é apenas uma força negativa usada para meios malévolos; é também, em diferentes graus, um dom inato de cada pessoa. O *tsav* – palavra traduzida imprecisamente por "bruxaria" – constitui um pilar do código moral dos Tiv, em sua dimensão tanto positiva quanto negativa.

A crença generalizada em bruxaria na África continua a intrigar estudiosos e pessoas de outros continentes. Entretanto, caso se tenha em mente que a feitiçaria é, antes de tudo, um comportamento antissocial que provoca benefícios ou perdas inexplicáveis, tais crenças ganham um foco mais nítido. Embora o uso da ideia de bruxaria para explicar essa gama de fenômenos possa parecer estranho para os ocidentais, orações e conceitos derivados – utilizados no Ocidente para explicar essas mesmas experiências – são, sem dúvida, igualmente esotéricas e vagas. O fato de certas explicações serem mais fortes para algumas culturas do que para outras pode, em última análise, ser irredutível a um conjunto de explicações diretas. Mais relevante é o efeito que tais crenças têm sobre as pessoas que acreditam nelas: crer em bruxaria tem não só efeitos profundos sobre a vida pessoal de muitos africanos mas também influências significativas sobre a vida social, econômica e política, tanto na África tradicional como na África moderna.

O trabalho etnográfico feito com os Mura de Déla no norte dos Camarões (LYONS, 1998) afirma que as crenças em feitiçaria permitem às mulheres restringir o abuso de autoridade de seus maridos. Apesar do controle masculino de recursos, as mulheres conseguem refrear seu abuso de poder manipulando suposições de que elas seriam capazes de usar a feitiçaria contra seus maridos. Com efeito, as crenças em bruxaria dão às mulheres do povo Mura a possibilidade de negociar as desigualdades socioeconômicas entre os sexos.

Mesmo que a crença na existência de feitiçaria seja há muito tempo comum em muitas sociedades tradicionais africanas, ela assumiu um novo sentido com o islamismo e, ainda mais especialmente, com o cristianismo. Movimentos pentecostais e carismáticos emergentes promovem uma teologia cristã destinada a eliminar os vestígios remanescentes de crenças e práticas nativas. Com frequência, tais práticas são identificadas homogeneamente como bruxaria – apesar do fato de, fora de seu contexto tradicional, a maioria dessas práticas não ser considerada bruxaria. Na verdade, as práticas religiosas tradicionais seriam vistas como a principal linha de defesa contra ela. As novas noções cristãs não só colocam toda atividade religiosa tradicional sob a rubrica de bruxaria, mas também a identificam ainda com o satanismo, um conceito totalmente estranho à visão de mundo africana. Além disso, esse ponto de vista cristão sobre feitiçaria submete até mesmo as crianças ao escrutínio; os mais jovens não são poupados e podem ser acusados de estar sob influência de espíritos demoníacos. Essa é uma adulteração dramática das visões tradicionais sobre bruxaria, que consideram as crianças vítimas potenciais dela, e não suas perpetradoras. Como resultado dessa adulteração de concepções tradicionais, nos últimos anos, milhares de crianças no oeste e no centro-oeste africano têm sido expulsas, abusadas, espancadas e mortas, simplesmente porque se acreditava que fossem bruxas.

Para as pessoas marginalizadas, a bruxaria pode fornecer tanto uma explicação para sua marginalização como, em alguns casos, um recurso para tentar melhorar sua sorte. Nos últimos anos, rumores populares em todo o continente têm afirmado que muitos políticos usam os poderes da bruxaria e da feitiçaria para conquistar o poder e para ajudá-los a mantê-lo. Bruxos homens que empregam bruxaria para alcançar o poder político – e que por isso tornam-se figuras públicas – sofrem menos ostracismo social do que bruxas mulheres, cujo trabalho ameaça o domínio privado do lar (cf. AUSTEN, 1993, p. 91). A bruxaria também pode dar uma explicação convincente para as fortunas aparentemente não conquistadas desses políticos, para sua riqueza monetária e para sua impunidade diante de processos por corrupção. Em outras palavras, o sucesso deles não seria apenas resultado da aleatoriedade da sorte ou de formas tão simplórias de corrupção. A razão pela qual tiveram sucesso em um ambiente onde a maioria fracassa é que eles não estão jogando limpo. Longe disso, estão recorrendo a poderes que pessoas boas e morais recusam-se a usar.

Na atualidade, há evidências de que muitas pessoas marginalizadas, em especial os jovens, procuram fazer com que os poderes ocultos funcionem em seu benefício. Há um problema crescente de cultos que operam nos *campi* universitários africanos. Tais cultos estão, em sua maioria, repletos de jovens desfavorecidos, que são bem instruídos, mas veem poucas oportunidades de melhorar suas vidas por meio de canais comuns. O ocultismo oferece uma oportunidade visível de melhorar sua sorte, à moda dos políticos em torno dos quais também há rumores de que usam as forças obscuras em benefício próprio. Infelizmente, esses cultos também são frequentemente organizações criminosas, que se utilizam da violência em suas formas mais comuns, visando ganhar e manter poder.

Temas de bruxaria também passaram ser comuns nos filmes africanos, e em particular no cinema nigeriano (geralmente referenciado como a indústria de filmes de Nollywood). Tais filmes muitas vezes retratam bruxas que usam seus poderes para chantagear ou prejudicar o destino de indivíduos, sobretudo parentes. Em alguns casos, elas também são retratadas como vingadoras do mal perpetuado pela elite masculina. Esses filmes tornaram-se fonte imediata de um discurso populista imagético sobre bruxaria e rituais de caça às bruxas. Nessas obras, a bruxaria frequentemente fornece uma explicação fácil demais para a existência do mal, ao mesmo tempo que avilta mulheres que são poderosas.

A caça às bruxas tem fundamentos práticos. No fim da década de 1980, em Green Valley, Lebowa, África do Sul, as acusações e perseguições às bruxas intensificaram-se à medida que a privação de direitos políticos e econômicos aumentou entre as comunidades multiétnicas. As medidas de "melhoria" tomadas pelo governo nacional desestabilizaram as estruturas familiares e a principal autoridade tradicional, colocando em risco a juventude e deixando muitos agricultores economicamente dependentes de um único membro da família com salário baixo. Pior ainda, conforme famílias de diferentes grupos étnicos uniram-se em comunidades multiétnicas, as pessoas muitas vezes passaram a se sentir estranhas e distantes umas das outras. Ansiedade, recursos escassos e tensões políticas alimentaram uma crença renovada em uma visão de bruxaria que combinava elementos de crenças tradicionais Soto, Tsonga e Nguni. A bruxaria dava explicações não só para o mal mas também para as desgraças injustificadas que recaíam sobre os indivíduos e a comunidade.

A caça às bruxas na África do Sul tornou-se um meio de legitimar a agência juvenil em uma cultura na qual, por tradição, somente os idosos tinham autoridade. A violência federada pela Organização da Juventude do Brooklyn, um dos grupos políticos juvenis de Lebowa criado no fim da década de 1980 em resposta à injustiça dentro das escolas da comunidade, tinha como objetivo validar a autoridade dos jovens, obtendo punições físicas contra as bruxas acusadas de (supostamente) gerar infortúnios para a comunidade. A crença em feitiçaria ainda é parte integrante das culturas africanas contemporâneas, pois, entre outras razões, permite às pessoas desamparadas agir, dentro de seu alcance, contra alguém, em tese, culpado por esse desamparo – uma vez que, em geral, é impossível agir contra os reais culpados pela desigualdade: os políticos e as sombrias forças globais. Via de regra, o poder sagrado é considerado na África uma força moralmente neutra, que pode ser usada para o bem ou para o mal.

4
CERIMÔNIAS, FESTIVAIS E RITUAIS

Cerimônias, festivais e rituais encarnam, decretam e reforçam os valores sagrados comunicados nos mitos. Os rituais ocorrem em ciclos do calendário e muitas vezes ditam quando a comunidade deve honrar uma deidade particular ou observar tabus específicos. Divindades e ancestrais têm festivais anuais característicos durante os quais seus adeptos oferecem animais, libações e seus alimentos favoritos em sacrifício. Tais acontecimentos reforçam os laços entre a humanidade, os antepassados, Deus e outras divindades. Eles funcionam como modos de comunicação entre humanos e espíritos e permitem, sobretudo, que seres sobrenaturais abençoem os indivíduos e a comunidade com longevidade, saúde e sustento. Os rituais comunitários podem incluir cerimônias agrícolas destinadas a persuadir os deuses a mandar chuvas e colheitas bem-sucedidas, assim como assegurar um gado saudável. Enquanto muitos cultos têm participação da comunidade, outros são exclusivos para as elites cujos *status*, habilidade e autoridade lhes permitem interagir de forma segura e benéfica com os poderes sagrados.

Ritos de passagem

Ritos de passagem são cerimônias que marcam as transições pessoais, tais como nascimento e batismo, circuncisão ou chegada à maioridade, casamento, velhice e morte. Cada ritual marca a passagem de um *status* social para outro. Os ritos de puberdade fazem a transição de um indivíduo que sai da infância para a idade adulta, quando os membros mais jovens da comunidade aprendem conhecimentos ancestrais com os mais velhos. Os eventos acontecem em ambientes isolados, geralmente espaços naturais (por exemplo, florestas ou prados) além do perímetro comunitário. Áreas selvagens, em meio à natureza – "o mato" – são lugares onde forças ocultas poderosas habitam e podem ser acessadas. Isso faz deles locais ideais para cerimônias de iniciação, em que às vezes é necessário agenciar poderes perigosos e indomáveis a fim de educar as crianças sobre o mundo da vida adulta. Durante tais iniciações, jovens da mesma idade são reunidos para permanecer nesse novo local durante toda sua transição. Trata-se de uma questão espiritual que envolve orações e súplicas a ancestrais, divindades e Ser Supremo, visando à boa sorte e ao sucesso dessas crianças.

Tumdo, a "iniciação masculina" entre os Nandi do Quénia (cf. LANGLEY, 1979, p. 18-45), apresenta diversas características em comum com os ritos de passagem realizados em todo o continente. Os meninos de mesma idade afastam-se da casa de seus pais para viverem em um alojamento isolado construído exclusivamente para o ritual. O conhecimento secreto passa dos homens mais velhos para os rapazes ao longo desse período separado da comunidade, ao passo que esse tempo serve a um propósito prático, pois prepara os meninos para a vida adulta na sociedade dos Nandi. Testes de bravura e concentração também caracterizam essa iniciação. Os jovens enfrentam desafios, tais como ter de encarar, sem vacilar, uma grotesca figura mascarada que os ameaça com uma lança. O objetivo é manter os olhos na ponta da lança sem desviar o olhar por medo ou por se entregar às distrações birrentas criadas pelos outros rapazes. O desafio da ponta de lança ensina aos meninos discernir prioridades imediatas de meras distrações e lhes demanda desenvolver autocontrole, disciplina mental e emocional quando confrontados com o medo. Em outras palavras, a masculinidade requer uma disposição madura cultivada pela experiência. A iniciação oferece aos jovens encontros preliminares com medos, incertezas e desafios psicológicos e emocionais.

Os homens, guerreiros e meninos iniciados são os principais participantes da iniciação, mas as mulheres e as meninas também desempenham papéis importantes. As mães, por exemplo, preparam as refeições que os meninos comem antes e depois de sua circuncisão. Elas também enviam presentes para encorajá-los durante todo o processo. Círculos de canto e dança comunitários acontecem quatro vezes durante todo o processo de iniciação. Mulheres e meninas cantam músicas com letras de incentivo enquanto os meninos dançam antes de passar pela próxima provação. As amigas dos meninos às vezes os repreendem, exigindo que eles provem sua bravura se ainda querem ter esperança de se casar. Por regra, as iniciações são eventos privados, e os procedimentos são conhecidos apenas por alguns poucos. No entanto, os iniciados nunca estão totalmente fora do alcance da comunidade. Mesmo que sua transição ocorra no mato, é a vigilância da comunidade em oração e o seu apoio econômico que asseguram o sucesso do ritual.

A transição de menino para homem toma uma forma muito diferente entre os !Kung de Nyae Nyae na Namíbia (cf. MARSHALL, 1999, p. 203-220). Os jovens passam por uma escarificação ritual após matarem sua primeira grande presa de caça macho e fêmea. Entre os !Kung, os homens mais velhos da comunidade devem preparar pós medicinais tradicionais que reforçam as habilidades de caça de uma pessoa. Em um acampamento longe da comunidade, o menino recebe sete conjuntos de pequenos cortes em seu corpo, cada um deles esfregado com um remédio particular. Se a caça morta for fêmea, ele recebe cortes no lado esquerdo de seu corpo; se for macho, os cortes são para o lado direito. Esse rito qualifica o menino para o casamento e consolida seu *status* de caçador. Em termos sociais, o rito significa que o menino provou ser capaz de sustentar uma família e contribuir com a comunidade. Enquanto a iniciação Nandi requer várias semanas, o rito da primeira caça dos !Kung de Nyae Nyae leva apenas um dia.

Talvez os grupos com ritos de iniciação mais conhecidos na África sejam os das sociedades Poro e Sande da África Ocidental.

Elas são, respectivamente, as sociedades de iniciação para homens e mulheres do povo Mande e de vários outros povos associados que vivem em Serra Leoa, Libéria, Guiné e Costa do Marfim. Em uma época determinada, durante a puberdade, meninos e meninas são separados por gênero e levados por membros mais velhos da sociedade para viver em um vilarejo construído na floresta especialmente para isso. Lá, eles são iniciados nos segredos dos mistérios específicos de cada gênero social. Os meninos e as meninas vivem nesses vilarejos de iniciação por um ano. Durante esse tempo, também passam por ritual de escarificação e circuncisão. No fim do ano, eles estão prontos para a vida como adultos e podem se casar e ter filhos.

As iniciações para as adolescentes africanas causam grande consternação entre os ocidentais, pois muitas vezes envolvem a circuncisão feminina. A operação, condenada pela Organização Mundial da Saúde, permanece uma prática muito contestada em todo o mundo. Infelizmente, os ocidentais são muito rápidos em acusá-las e em submetê-las genericamente à categoria de "mutilação genital feminina"; na verdade, poucos têm bom conhecimento do que de fato ocorre em todas essas práticas. Talvez o mais importante seja notar que a circuncisão feminina, tal como praticada na África, engloba grande quantidade de práticas que variam muito em abrangência. A maior parte da atenção estrangeira concentra-se na forma mais dramática da circuncisão feminina, em que o clitóris é removido, totalmente ou em sua maior parte (clitoridectomia). Especialistas médicos observaram que esse procedimento pode resultar em dor crônica, infecção e perda da capacidade de desfrutar de relações sexuais vaginais. Em muitas outras culturas, porém, a circuncisão feminina é bem menos dramática e envolve apenas a remoção de partes do clitóris ou pequenos cortes rituais feitos sobre ele ou sobre os lábios.

Concorde-se ou não com tais práticas de circuncisão, vale a pena ponderar sobre algumas de suas razões antes de objetá-las. Uma observação especialmente digna de nota é a de que poucas

85

vezes a circuncisão masculina encontra oposição semelhante. Isso ocorre apesar de um número crescente de críticos ocidentais à circuncisão masculina, para os quais essa prática também é uma forma de mutilação genital. Afirmam que, em termos médicos, ela é desnecessária e que o prepúcio seria o equivalente anatômico masculino ao clitóris feminino. Porém, por ser culturalmente "normal" no Ocidente, em especial nos Estados Unidos, sua prática na África suscita poucas preocupações. Da mesma forma, a cirurgia estética vaginal é um negócio em crescimento no mundo ocidental. Com frequência, tais cirurgias envolvem a remoção de partes da vagina, em particular partes dos lábios, a fim de deixá-la em conformidade com os padrões estéticos. Embora, em muitos aspectos, esses procedimentos sejam bastante similares à circuncisão feminina realizada na África, eles suscitam uma resistência bem menor. Mesmo havendo diversos pontos em que tais cirurgias não são, de fato, paralelas à circuncisão feminina, deve-se considerar que ao menos parte das objeções estrangeiras a esse procedimento na África tem uma motivação mais cultural do que estritamente humanitária.

Seja como for, também é importante mencionar que nem todos os ritos de iniciação de mulheres na África envolvem a circuncisão. *Dipo*, uma prática iniciatória feminina do povo Krobo em Gana, é um exemplo disso. O momento seminal da cerimônia exige que as meninas sentem-se em uma pedra considerada sagrada por sua conexão com a montanha Krobo e a deusa da terra, Nana Kloweki. Se a garota em iniciação senta-se e levanta-se da pedra com sucesso três vezes, ela passa no teste de pureza. Em geral, o ritual *dipo* faz a transição das meninas krobo para a vida de mulher adulta, ensinando-lhes estéticas, danças e responsabilidades domésticas. Elas aprendem a moer o milho, a varrer e a usar roupas femininas tradicionais. Até o início do século XIX, a iniciação exigia a reclusão das meninas no Monte Krobo por vários meses. Na atualidade, as mudanças econômicas e a adoção do calendário escolar inglês levam as comunidades a completarem o processo em uma única semana. No entanto, seu significado espiritual e social permanece o mesmo. Segundo Steegstra (2004, p. 241-284), o rito *dipo* tem como função essencial a purificação das meninas, tornando-as, assim, mulheres krobo. A limpeza ritual permite às iniciadas comer na casa de seus vizinhos e casar-se dentro da comunidade. Os videntes krobo conduzem purificações rituais aspergindo os pés da pessoa com sangue de uma galinha vermelha, transferindo simbolicamente a impureza da pessoa para o animal. Em seguida, o vidente mata uma galinha branca e repete os gestos, removendo assim todo infortúnio e deixando as meninas limpas. A preparação delas para a vida adulta como mulher, nesse contexto, envolve mais do que uma instrução pragmática. A sacerdotisa e o vidente constantemente oram pelas garotas, invocando prosperidade, segurança, fecundidade, paz e bem-estar. Steegstra registra várias orações comoventes, que mostram o ideal de feminilidade entre os Krobo: ser uma integrante efetiva do povo, que contribui para a vida pacífica e traz respeito à comunidade. Como regra, tal processo sempre acontece sob os auspícios dos deuses. A satisfação e a aprovação divinas asseguram o sucesso da cerimônia *dipo*.

Ritos do calendário

Os ritos do calendário renovam a conexão da comunidade com o sagrado, marcando importantes transições, como uma mudança entre as estações, a primeira colheita ou o tempo de plantio. Muitas vezes, acredita-se que esses ritos também renovam o mundo e que as ações rituais da comunidade são um passo necessário para manter a fecundidade do universo. Os rituais de chuvas entre os Chewa de Moçambique são exemplos de uma celebração sazonal, cerimônias periódicas relacionadas a importantes atividades agrícolas ou pastoris. Os chefes chewa queimam o verdejante Monte Bunda no fim da estação chuvosa e respeitam tabus específicos durante esse evento. Eles rezam para Chiuta, seu Ser Supremo, e oferecem-lhe rapé no santuário. Se o ritual for bem-sucedido, certamente haverá chuva. Uma seca, entretanto, sugere que alguém violou os tabus e tornou a queima ineficaz.

Os sacerdotes chewa realizam o ritual de *mfunde*, "orações pela chuva", quando um atraso na chegada das tempestades põe em perigo as colheitas dos agricultores. Nesse caso, os membros da comunidade contribuem com farinha de milho e malte, utilizados para preparar a refeição sacrificial. Entretanto, somente crianças e mulheres na pós-menopausa podem cozinhar os alimentos. Outro tabu nesse período é a proibição de visitas conjugais. Toda a comunidade dorme ao ar livre para assegurar a obediência de todos. Pela manhã, os sacerdotes sacrificam um bode preto, e seus auxiliares cozinham porções da carne. Os antepassados, espíritos que negociam com o Ser Supremo em nome dos vivos, recebem uma oferta dessa carne, junto com o mingau de milho preparado no caldo de carne de cabra. Acredita-se que, se essas oferendas e orações forem suficientes, as chuvas cairão.

Os ritos anuais de chuva entre os Ihanzu da Tanzânia têm três etapas principais (cf. SANDERS, 2008, p. 128-131). Primeiro, os fazedores de chuva (normalmente um casal, homem e mulher) e seus assistentes realizam a *kukumpya lutinde*, ou "o corte do torrão", que envolve acender fogo em um ramo de árvore *mulama*. Esse ritual indica a união de forças masculinas e femininas e coloca os dois opostos em equilíbrio um com o outro. O evento mais importante ocorre no santuário. Lá, o casal principal e seus assistentes despertam as pedras de chuva, ao cobri-las com óleo de mamona e sacrificar um bode preto (como o povo Chewa, os Ihanzu associam a cor preta às nuvens carregadas de chuva; tanto o bode como o traje cerimonial dos fazedores de chuva são pretos). Após o corte do torrão, o grupo prossegue com o rito, produzindo remédios de chuva a partir das folhas sagradas. Eles acrescentam água morna à mistura triturada e depois a derramam sobre as pedras de chuva, enquanto oram para o Ser Supremo. A água deve então começar a ferver, sem fogo. Finalmente, o casal fazedor de chuvas deve receber tributos de grãos recolhidos de todas as aldeias. O povo Ihanzu oferta os grãos à dupla para ser abençoado. Depois de orar sobre as quantidades coletadas, o poderoso casal então mistura e redistribui os grãos para cada comunidade, devolvendo-lhes a quantidade exata que elas deram. As chuvas caem pouco tempo depois, precipitadas pelas bênçãos equilibradas por gênero realizadas pelos fazedores de chuva.

Buna qalla, um sacrifício de grãos de café praticado entre os Wasa Boorana (parte do povo Oromo da África Oriental), costumava ocorrer várias vezes por mês. As recentes mudanças econômicas, porém, levaram a comunidade a realizar esse rito apenas nos feriados nacionais. Assim, ele se tornou um ritual comemorativo. Sua capacidade de reafirmar a identidade cultural boorana, na opinião de Aguilar (2009, p. 33-54), ainda o distingue das cerimônias que honram a história estatal. Normalmente, uma família convida amigos íntimos e vizinhos para participar do rito *buna qalla*. Mulheres casadas e com filhos fritam os grãos de café; somente mulheres casadas, mas sem filhos, podem servi-los. Durante esse tempo, os homens narram a história cultural aos filhos, exemplificando desse modo como tal cerimônia reafirma a identidade boorana. Uma vez preparados os grãos, uma mulher reza sobre eles enquanto os coloca no prato de servir. Outra mulher oferece aos convidados um copo de leite com os grãos abençoados dentro dele. Como o rito representa abundância e prosperidade, os convidados consomem o copo por completo na primeira vez, mas o deixam meio cheio na segunda. Cada um fala sobre suas bênçãos aos outros enquanto todos desfrutam da bebida. Esse ritual solidifica a dependência da comunidade ao Ser Supremo, no que diz respeito às bênçãos, à segurança e à prosperidade agrícola.

Ritos funerários

Por causa da crença nos ancestrais, ritos funerários são bastante importantes para os africanos que praticam religiões nativas. Eles não só garantem que seja bem-sucedida a passagem do falecido para a vida como antepassado, mas também asseguram que ele fique satisfeito com a demonstração de amor da sua família. Por essa razão, o povo Ga de Gana enterra seus entes queridos em caixões personalizados e bem-elaborados, que demonstram a personalidade do falecido e sua condição de vida.

Até mesmo o anúncio da morte muitas vezes é ritualizado. Ao declarar a morte de um chefe ancião em uma cidade ondo-iorubá, os filhos do falecido vestem suas roupas do avesso, para indicar que não é uma época normal. Eles vão até o palácio do rei, onde anunciam que seu pai está gravemente doente, prestes a se juntar aos antepassados. Como é tabu o rei participar dos rituais de enterro, todos os procedimentos devem ser feitos por meio de seu emissário. Este diz aos filhos para voltarem para casa e cuidarem bem de seu pai, e os filhos em seguida retornam ao palácio para insistir com o rei a respeito da gravidade da doença; outra vez, dizem-lhes que façam tudo o que for humanamente possível para garantir que seu pai não morra. Na terceira e última ocasião, eles retornam e anunciam que seu pai morreu. Em resposta, os emissários do rei choram de modo ritualístico e cantam louvores para o chefe falecido. Depois dessa interação muito ritualizada e prescrita, a morte do alto chefe será anunciada oficialmente a todos os outros.

Muitas das práticas mortuárias entre os Bunyoro do oeste de Uganda são bastante interessantes. Há uma antiga tradição relativa à morte do pai, do chefe de família, na qual um pequeno sachê contendo painço, simsim (gergelim) e feijão-de-corda frito é posto na mão do falecido. Os filhos do homem então tomam e comem pequenas porções da mistura que está na mão do falecido. Segundo Beattie (1961), isso simboliza o último gesto de cuidado do morto para seus filhos. Ao mesmo tempo, é interessante pensar que ele também marca uma importante inversão de papéis: como ancestral, o pai falecido depende agora de seus filhos para a alimentação e a água.

Entre os Bunyoro, o falecimento de um pai requer que seu sobrinho retire o poste que sustenta o centro da casa. Ele também deve apagar o fogo na lareira e remover a tigela própria de seu tio do local. Em seguida, um cacho carregado de bananas também deve ser cortado. O sobrinho então espalha todos esses objetos na frente da casa, pois todos esses gestos simbolizam a destruição do lar. Ao mesmo tempo, essas ações podem ser vistas como representações físicas da ausência do pai. Ele não está mais presente para sustentar o teto sobre a cabeça de seus familiares. Sua ausência indica que sua tigela de comer restará sempre vazia. Derrubar o frutífero cacho de banana, como o sachê de grãos, sugere que o pai não está mais presente para dar sustento à família. Finalmente, a extinção do fogo aponta para sua ausência permanente. O caos que esses objetos quebrados criam no pátio da casa indica uma ruptura sísmica na vida cotidiana da família. Tradicionalmente, ela não voltaria para essa residência, e sim construiria uma nova nas proximidades.

Posicionar o corpo no repouso também envolve um protocolo específico para o gênero do falecido. Os homens passam seu descanso final sobre seu lado direito, enquanto o corpo das mulheres fica deitado sobre seu lado esquerdo. Ao limpar a sujeira da cova do falecido, as mulheres usam o cotovelo esquerdo, e os homens usam o direito. Esse gesto significa que as mãos desses sobreviventes são inúteis, porque nenhum deles pode mais cuidar da pessoa morta. No entanto, também se pode interpretar esse gesto como outro indicador de que a morte desse indivíduo perturbou a ordem normal das coisas. Em certo sentido, os enterros fraturam a estrutura social, e os ritos fúnebres sinalizam a dificuldade inicial da comunidade em se ajustar.

Muitas culturas africanas também praticam o reenterramento. O reenterramento é um processo ritual em que os restos mortais de um ancestral falecido são exumados tão logo a decomposição esteja completa e somente os ossos permaneçam. Muitas vezes, os ossos são limpos, embrulhados e enterrados de novo, às vezes em um local diferente. Embora as práticas de reenterramento possam parecer exóticas para muitos ocidentais, elas são extremamente comuns em todo o mundo e praticadas em alguns países europeus, como na Grécia. Em Madagascar, a nação insular ao largo da costa sudeste do continente africano, o povo Malgaxe exuma seus antepassados cerca de uma vez por década. Em preparação para o ritual, chamado *famadihana*, os túmulos familiares são reparados e restaurados. No dia da cerimônia, os ossos dos antepassados são retirados da tumba, envoltos em uma nova mortalha branca, e depois festejados com música e dança. No fim da festa, eles são reenterrados no túmulo. Esse ritual continua a ser praticado, mas nos últimos anos tem sofrido a oposição crescente dos cristãos evangélicos, que o consideram uma prática ímpia e pagã.

Ritos matrimoniais

As cerimônias de casamento ligam duas pessoas uma à outra, bem como à família e à comunidade uma da outra. Muitos ritos matrimoniais em todo o continente envolvem um dote ou a troca de bens entre as famílias dos noivos. Entre os rituais nos casamentos do povo Zulu na África do Sul, destaca-se o lobolo, um preço que o noivo paga à família de sua noiva antes de se casar. Normalmente, o lobolo é constituído por 11 cabeças de gado, e o futuro marido faz esse pagamento em várias parcelas. Segundo a investigação de Warmelo e Kohler (1933, p. 47-65), os zulus acreditam que o gado de alguém é sinal de bênçãos de prosperidade dadas por seus ancestrais. Assim, pode-se interpretar a oferta de vacas pela noiva como um símbolo do novo grupo de ancestrais do qual a noiva agora passa a se beneficiar.

Os donatários reconhecem os presentes enviando cerveja e lenha preparadas pela noiva para a futura casa do genro. Curiosamente, todos os animais oferecidos pelo lobolo vão para o pai da noiva, exceto um. A tradição zulu exige que o noivo presenteie uma cabeça de gado à mãe da noiva, pagável no dia do casamento. Além do gado, o noivo deve dar *isibizo*, uma grande soma monetária usada para comprar a roupa da noiva e para fornecer outros itens necessários para a cerimônia. Alguns pais zulus cobram preços extraordinários, mas os jovens são obrigados a atendê-los, porque as núpcias não podem proceder de outra forma. Tal como as modernas noivas ocidentais sugerem aos convidados escolher seus presentes em uma lista registrada pelo casal, as mulheres zulu no passado solicitavam aos seus vizinhos itens necessários para sua casa como presente de casamento. O objetivo era obter implementos de que a noiva precisaria em sua nova casa. É muito importante ainda notar que a noiva passa muitos dias criando suas vestimentas de noiva, com saias de couro, colares de joias, braceletes, pulseiras e cintos decorativos.

A cerimônia de casamento propriamente dita dura quatro dias. Alguns momentos importantes ao longo dos procedimentos são a apresentação do *umbeka*, um animal especialmente designado para representar os antepassados da noiva. Tanto o pai dela quanto o pai do noivo fazem uma oração antes de trocar o animal. O pai dela pede aos antepassados que reconheçam sua filha em seu novo estado como uma mulher casada. O pai dele pede aos antepassados que fiquem em paz com a troca de gado por uma esposa. Uma experiência similar importante ocorre quando as famílias sacrificam o "boi do casamento" aos ancestrais. Banhar a noiva no fel do animal associa-a aos antepassados do marido, a cuja linhagem ela agora pertence. Receber gado em troca de uma filha da família é não só uma compensação pela perda de mão de obra corporal mas também a concretização de uma transação espiritual. Por fim, a cerimônia de casamento também é constituída por divinações. O novo marido deve em seguida escolher uma conta de colar escondida nas mãos de sua esposa. O ideal é que ele selecione a branca, predizendo uma união feliz. Como em muitas culturas em todo o continente, gerar uma criança sedimenta o casamento.

Vários rituais de casamento africanos incluem alguma forma de teste de virgindade para a futura noiva. Durante esse teste, que é geralmente simbólico, a família do noivo realiza um exame ritualizado que visa garantir que a noiva seja pura. As noivas oió iorubanas da Nigéria usam cordões de contas próximas à cintura.

93

O teste de virgindade, chamado de *ibálé*, é realizado na noite de núpcias da noiva, quando ela chega à casa de seu noivo. A prova de que ela é virgem são seus cordões na cintura intactos, ou seja, não perturbados por outro homem, que teria quebrado alguns de seus fios ao se debater para ter contato sexual com ela. Se o *ibálé* der o resultado esperado, os pais do noivo enviam presentes, incluindo comida e bebida, aos pais da noiva, com o objetivo de agradecer-lhes pela virtuosa preservação da moça. Entre os presentes, enviam um barril cheio de vinho de palma. Entretanto, se a noiva falha no teste *ibálé*, os pais do noivo podem enviar apenas meio barril, indicando incompletude, sinal de seu descontentamento, o que pode trazer vergonha para a família e a linhagem da noiva. Devo observar que esse costume, como muitos outros discutidos neste livro, foi abandonado pela modernidade e por mudanças nas sociedades africanas.

Rituais e modernidade

Os rituais de consumo de cerveja entre os Xossa (África do Sul) revelam como as cerimônias africanas responderam às mudanças socioeconômicas entre as comunidades (cf. McALLISTER, 2006, p. 19-41, 107-151, 201-225). Os costumes xossa incluíam há muito tempo a cerveja de milho caseira. Contudo, essa é uma adaptação recente de uma prática antiga. O trabalho migratório entre homens xossa cria padrões de partida e retorno, eventos suscetíveis a bruxaria e infortúnio. Por essa razão, uma esposa ou uma mãe pode sediar em sua casa um *umsindleko*, um ritual de consumo de cerveja, em homenagem ao trabalhador contratado. Quando realizado antes da partida, o evento solicita a proteção do ancestral para o pai ou o marido. O convidado de honra diz algumas palavras a respeito do motivo que levou a comunidade a se reunir, seguidas da resposta de um dos convidados. O motivo da partida nunca é dito especificamente, para evitar que intenções malévolas escutem e prejudiquem a pessoa. Idealmente, os ancestrais vão ouvir as palavras do grupo e proteger o homem em sua jornada.

Um *umsindleko* também pode ser realizado no retorno do trabalhador, mas tal rito é bem incomum. Muitos lares realizam essa cerimônia apenas uma vez a cada cinco anos de carreira de um homem. Quando realizado na volta, o *umsindleko* sublinha ou o sucesso econômico do trabalhador ou a sua incapacidade de ganhar dinheiro suficiente para sua família. Em ambos os casos, o ritual suplica aos ancestrais que ajudem o homem a lucrar em seu próximo empreendimento nas minas. Os convidados sentam-se de acordo com o sexo e a idade. A primeira rodada de cerveja, chamada *iimvuko* ou "despertar", é dedicada ao grupo anfitrião. Ela identifica e distingue esse primeiro grupo presente no evento. Seguem-se várias rodadas menores e formalizadas. As bebidas marcam as ligações entre as pessoas reunidas, aquelas que representam os grupos diante dos chefes. Esses contatos recebem jarras de cerveja e depois as dividem com seus membros, em separado. O *intselo*, ou a "bebida principal", pode ser distribuído de acordo com o número de pessoas (se apenas algumas comparecerem) ou com os grupos sociais. Vários princípios sedimentados nos costumes organizam esse evento, incluindo a regra de que as mulheres recebem menos cerveja do que os homens e que seus copos sejam os últimos a serem preenchidos. De maneira similar, as pessoas mais jovens recebem a cerveja depois dos presentes mais velhos. É importante notar que a reciprocidade determina a quantidade de cerveja que cada grupo recebe. Aqueles que deram generosamente ao sediar seus próprios rituais de consumo de cerveja recebem em abundância na reunião atual. O grupo anfitrião conclui a cerimônia com a *ukuqwela*, palavra que significa "esvaziando o pote" e sinaliza o último jarro de cerveja a ser servido para seu grupo e para os convidados mais velhos. Normalmente, o último copo retorna ao homem mais velho do grupo anfitrião, que depois o consome e anuncia quando terminou. O consumo de cerveja é um ritual que busca as bênçãos ancestrais para o trabalhador migrante. Ao mesmo tempo, essa cerimônia reestabelece as obrigações do homem com sua comunidade. Ela celebra seu retorno à família e admoesta-o a evitar um estilo de vida moralmente licencioso nas cidades grandes da África do Sul.

Festivais

Religiões tradicionais africanas costumam organizar festivais que homenageiam divindades ou heróis culturais. O Festival de Oxum realizado anualmente em Oxobô, Nigéria, dura 16 dias e tornou-se um evento transnacional popular. O ataojá, o obá de Oxobô, convida um babalaô para consultar o oráculo sagrado, Ifá, e perguntar-lhe quando a celebração deve começar. Quando o dia oportuno se manifesta, o ataojá viaja em uma procissão real até a praça do mercado, onde anuncia a data vindoura e nomeia os itens de sacrifício necessários. Alguns dias depois dessa proclamação, o *olójúmérìndínlógún*, ou "o acender das 16 velas" no palácio do ataojá, marca o início oficial do festival. Esse momento envolve colocar fogo em algodão embebido em óleo de palma no local. Essas chamas permanecem em 16 bandejas, que se estendem como ramos de um pilar de bronze e são queimadas de meados da noite até o amanhecer.

Por fim, o principal evento do ritual de Oxum ocorre quando as principais sacerdotisas ligadas a essa divindade meditam profundamente desde o bosque de Oxum até o Rio Oxum e realizam rituais de sacrifício para a deusa dentro de seu templo. Outros adeptos dançam e cantam do lado de fora enquanto a comunidade aguarda a notícia do sucesso da oferenda. Eventualmente, as sacerdotisas emergem e realizam outro ritual à margem das águas. Esse momento consagra o rio e sinaliza o momento em que os membros da comunidade podem se banhar nas águas abençoadas. Bádéjo (1996, p. 103-122) nota particularmente que o grupo de participantes é constituído por mulheres que coletam a água para usos medicinais espirituais durante todo o ano e por mulheres que desejam ter filhos. Oxum é a deusa iorubá da fertilidade, e seu festival anual celebra os nascimentos que ela trouxe para a comunidade. A celebração também proporciona um momento auspicioso para orar em favor das mulheres estéreis.

Figura 4 – A celebração do Lava-Pés do povo Maundy, na Igreja de São João Evangelista, em Adis Abeba, Etiópia, 1974.

Considerado um herói cultural e não um deus, em Idanre, Nigéria, Olófin é um irmão de Odudua, outro herói cultural, que fundou a cidade sagrada iorubana de Ifé na Nigéria e tornou-se o primeiro rei por lá. Olófin recebe tributos durante o Festival de Iden. A cerimônia coincide com o fim do ano, época em que os falecidos são procurados para dar conselhos e orientação. Durante o evento, o ọwá, governante de Idanre, representa Olófin na terra. Segundo a história oral, Olófin separou-se dos seguidores de Odudua após o falecimento de seu irmão. Vários rituais são realizados, tais como usar giz sobre o corpo do ọwá para que ele se pareça com Olófin, ou ainda dar início ao festival homenageando primeiro os antepassados desse governante. Outro ritual interessante é a repetida lavagem dos pés do ọwá durante sua procissão à colina de Iden. Diversos frequentadores lavam os pés do governante com ervas medicinais espirituais destinadas a apagar os passos dele, para que agentes malévolos não o sigam. É importante notar que o ọwá porta vestimentas reais dos primeiros dias do Olófin no palácio de Ifé. Sua mesma coroa, seu cetro e seu tecido de veludo adornam o ọwá no atual festival de Iden. O ritual atinge seu auge quando o ọwá dança no Iden e substitui a coroa em sua cabeça pelo mesmo remédio espiritual usado para proteger o precioso emblema durante séculos. A ênfase incide sobre os ancestrais pessoais e comunitários. Durante o clímax do festival, o ọwá agradece à coroa por ter resistido todos esses anos. Em certo sentido, ele dá graças às pessoas e aos poderes responsáveis pela longevidade de seu reino. Dessa forma, dedicar o ritual Iden a Olófin é uma veneração ancestral essencialmente ampla.

Tais festivais não só renovam os laços entre os ancestrais e seus descendentes, mas também enfatizam o tempo cíclico, bem como mantêm o registro dos legados e orientações comunitárias, ao transmitir para o futuro as memórias de seus predecessores.

5
ARTES SACRAS E *PERFORMANCES* RITUAIS

Uma vez que não há uma separação rigorosa entre o sagrado e o secular nas culturas tradicionais africanas, as artes e a cultura material são influenciadas pelas práticas e tradições religiosas. Usar a palavra "arte" em contexto africano pode ter consequências confusas e não intencionais. No Ocidente, a arte é agora muitas vezes entendida como uma esfera que existe por si mesma. Isso é um desvio do padrão anterior ao século XX, quando a experiência artística em geral tinha objetivos religiosos e especificamente devocionais. Com a secularização da vida pública no Ocidente, a arte passou a assumir cada vez mais uma qualidade secular.

Mesmo que as artes decorativas e populares tenham continuado a ser cultivadas no Ocidente, elas têm sido muitas vezes vistas como inferiores à "alta" cultura. Quando expostos em museus ocidentais, os objetos sagrados africanos tendem a ser classificados como exemplos de arte popular ou "primitiva", ou como ornamentação decorativa para objetos de uso comum. Nesses museus, onde muitas vezes estão despojados de seus contextos culturais e religiosos, tais objetos são exibidos ao público como exemplos de arte africana. Isso tem a infeliz consequência de criar um ambiente artificial no qual tais objetos – como máscaras e estátuas que retratam espíritos – são vistos de uma forma totalmente alheia àquela como foram vistos por seus criadores e pelos espectadores potenciais.

Os museus normalmente incentivam os espectadores a ver as obras de arte de modo estático, a distância, quando na verda-

99

de diversos objetos de arte africanos são projetados para serem interativos e servirem a funções integrais nas práticas religiosas. Muitos dos cajados, estátuas, esculturas, coroas e máscaras são representações tangíveis de deuses, ancestrais ou entidades divinas, ou então são feitos para honrá-los ou invocá-los. Tais objetos muitas vezes também servem como talismãs de proteção. Ainda assim, parece relevante não abandonar completamente o termo "arte" como forma de descrever tais objetos, para não se cometer o erro de supor que seriam, portanto, inferiores, em termos estéticos e técnicos, aos seus homólogos ocidentais com esse rótulo.

Os estudiosos da área têm destacado as dificuldades presentes no estudo das artes africanas, devidas em grande medida às lentes ocidentais por meio das quais elas têm sido analisadas convencionalmente. Esses estudiosos apontam as falácias e fraquezas inerentes a essa abordagem, que muitas vezes procurou fazer amplas generalizações sobre a arte africana sem de fato compreender a cultura e a sociedade na qual determinado objeto fora produzido. Sem compreender a cosmologia zulu e o significado das cores e dos padrões dentro de sua cultura, seria difícil entender adequadamente o significado dos intrincados padrões de leitura que esse povo usa para comunicar suas percepções de vida. Grande parte da arte africana é feita para uso espiritual e ritual, e as diferentes formas que ela assume apontam para a amplitude, a diversidade e a inovação na cultura material e religiosa do continente.

A cultura material africana é rica e diversificada, desde a antiga arte rupestre até as sofisticadas estátuas de bronze e os monumentais painéis em baixo relevo de Daomé. A majestade, o naturalismo e a escala dessas artes impressionaram muito os europeus que as "descobriram", tanto que às vezes atribuíram sua criação aos antigos indo-europeus que haviam percorrido a África. De modo muito patético, o explorador alemão Leo Frobenius acreditava que os bronzes "encontrados" no Togo e na Nigéria tinham tamanho mérito técnico e artístico que poderiam ser provas da civilização perdida da Atlântida. Em 30 de janeiro de 1911, o *New York Ti-*

mes relatou que Frobenius havia descoberto no Togo um busto de bronze de Poseidon que não poderia ter sido feito por africanos. Ele acreditava que era uma evidência de que a Atlântida não só fora real, mas também se localizava na África Ocidental. O racismo explícito desses exploradores europeus afetou sua capacidade de conceber o fato de que os africanos haviam criado tais esculturas e construído magníficas estruturas urbanas. Infelizmente, tal mentalidade ainda persiste na história da arte africana de hoje.

Figura 5 – A Mascarada Zambeto em Ouidah, República do Benim, é associada à sociedade secreta do povo Fom. Acredita-se que as roupas rituais do oficiante, cobertas de palha colorida, fornecem proteção contra o mau-olhado e os espíritos malevolentes.

Os tipos mais comuns e conhecidos de artes africanas são as estatuetas, as imagens e os receptáculos. Essas estatuetas são utilizadas de múltiplas maneiras, como representações de ancestrais e recipientes para armazenar medicamentos tradicionais. Às vezes, são usadas como receptáculos espirituais que aprimoram os remédios, ou como vasos para guardar os ingredientes mágicos que fortalecem uma entidade espiritual. As esculturas *boli* do povo Bamana, feitas de barro, tecido e outros ingredientes, são moldadas em torno de uma bolsa de ervas à qual se atribui o papel de "controlar os desejos incontroláveis dos homens" (cf. BRETT-SMITH, 1983). Entre os Ga'anda do norte da Nigéria, os receptáculos de cerâmica tornam-se a via por meio da qual os recém-falecidos mantêm uma presença tangível, apesar de temporária, entre os vivos. O povo Senufo, que vive ao norte da Costa do Marfim, do Mali e de Burkina Faso desenham tambores de cariátides com mulheres tanto em posição sentada quanto em uma posição de trabalho, carregando peso, gesto que elogia a diligência, o vigor e o inestimável papel materno das mulheres. Os Tabwa da República Democrática do Congo e da Zâmbia usam figuras de madeira esculpidas não apenas para representar figuras ancestrais, mas também para proteger e curar indivíduos durante crises de doença. Como se pode ver, esses objetos são feitos de várias maneiras, e seus usos abrangem uma ampla gama de funções espirituais.

Apesar de os críticos lamentarem o fato de muitas estátuas serem erroneamente consideradas ancestrais por natureza, dentro de muitas culturas africanas, pequenas estatuetas são usadas como representações dos antepassados ou de membros da família falecidos há pouco tempo. Essas estatuetas são frequentemente consideradas mais do que simples representações. Em muitos casos, são ícones tangíveis usados para se comunicar com os ancestrais, assegurando a presença deles na vida cotidiana dos vivos. As estatuetas para um gêmeo falecido, Ibêji, são comuns entre os Iorubá. O povo Tabwa da Tanzânia também usa imagens chamadas *mpundu* para representar um gêmeo que morreu jovem. A mãe carrega a figura de madeira até que o gêmeo sobrevivente possa andar. Os Fang do sul de Camarões e Gabão empregam estátuas de madeira como guardas de relíquias, que se assentam à beira de um recipiente de madeira onde o crânio de um ancestral é mantido (cf. SIEBER; WALKER, 1988, p. 139). Entre os Acã de Gana e os Anyi da Costa do Marfim, cabeças de terracota são adornadas e vestidas com tecidos e metais ricos para preparar o recém-falecido para sua viagem até o lugar dos antepassados. Usado seja para comunicação, seja para comemoração, esses ícones ancestrais estão presentes em grande parte da cultura material das práticas religiosas tradicionais africanas.

Por certo, entre as práticas africanas mais visualmente impressionantes e mais conhecidas, estão, no centro-oeste do continente, as estátuas *minkisi* (*nkisi* no singular). Essas imagens antropomórficas de madeira com frequência portam espelhos e pregos espetados. Por causa dos pregos, elas têm uma qualidade impactante e um tanto grotesca, que as torna atraentes como peças de exposição em museus e galerias. É um erro, porém, assumir que a presença desses pregos indica que a figura está atormentada. Pelo contrário, eles costumam representar pontos de poder. Os *minkisi* normalmente têm em seu interior plantas medicinais e objetos místicos, cujas propriedades indicam as características pertencentes ao espírito personificado pela estatueta. Muitas vezes, esses remédios estão inseridos atrás do espelho que a figura segura em sua barriga. Tal espelho também permite que ele desvie o mal. Para cada pedido ou súplica que é feito a um *nkisi*, um prego será espetado dentro dele. Um poderoso *nkisi* também será às vezes usado como testemunha de um juramento ou pacto entre dois indivíduos. Nesse caso, um prego será espetado dentro da estatueta para mostrar que o espírito exigirá de ambas as partes o cumprimento de seus votos. Como seres vivos e portadores de alma própria, é claro que os *minkisi* trazem dilemas éticos quando expostos em coleções de museus. Em alguns casos, os remédios são retirados, momento em que a figura torna-se uma simples estátua. Infelizmente, esse nem sempre é o caso, e então o museu está de fato exibindo um ser vivo – uma pessoa, basicamente – sem lhe dar o cuidado e o respeito adequados.

Figura 6 – Uma figura *nkisi* do Congo na África central, por volta de 1880-1920. A escultura esculpida em madeira com pregos tem um recipiente espelhado para guardar remédios poderosos.

Arte na celebração religiosa

Os festivais estão presentes em uma grande parte da prática religiosa na África. A natureza celebratória desse aspecto do culto religioso é normalmente realçada pela realização de mascaradas. Assim como as estátuas e imagens, essas vestimentas rituais representam uma série de entidades espirituais, incluindo ancestrais, deuses e animais tutelares. As mascaradas do povo Efik no sul da Nigéria retratam o leopardo, um grande espírito tutelar. Na Tanzânia, os Tabwa também usam uma máscara de búfalo durante as mascaradas, e especula-se que seu objetivo é representar a energia agressiva masculina. As vestimentas desses rituais variam de simples máscaras esculpidas em madeira a trajes elaborados feitos de pele de animal, tecido, conchas, folhas, missangas, peles e penas. Algumas máscaras são reconhecidamente de seres humanos ou de animais, enquanto outras são irreconhecíveis como qualquer entidade terrestre. Uma das mascaradas ancestrais entre os Iorubá, chamada *egúngún*, às vezes se assemelha a uma pilha de feno, o traje sendo construído a partir de frondes de palmeira triturada, chamada mariuô. Os Chewa do leste da Zâmbia, uma das poucas culturas da África oriental a continuar com essa tradição, têm uma mascarada chamada *nyau*, usada para transportar os recém-falecidos da terra dos vivos para o reino espiritual. A máscara *nyau* é feita inteiramente por cestaria e é incendiada depois de ter atraído o espírito para fora de casa e para dentro da floresta.

O povo Hemba, que vive na República Democrática do Congo às margens do Lago Tanganica, é conhecido por uma máscara singular chamada *mwisi wa so'o*. Embora se assemelhe a um chimpanzé com uma boca grotescamente larga, ela não é humana nem animal, e acredita-se que ocupa o mesmo espaço intervalar de uma alma que partiu recentemente. A mascarada é realizada durante os funerais, quando a pessoa que está usando as vestimentas persegue mulheres e crianças em suas casas. Nesse momento, ela se comporta de modo selvagem e sem limites, não respeitando as regras sociais normais até ser forçada a fazê-lo na última parte das cerimônias fúnebres.

Em culturas como o Salampasu do Congo, dança-se uma mascarada durante a cerimônia de circuncisão iniciatória. Em Burkina

Faso, os Bwa são conhecidos por suas máscaras particularmente impressionantes (cf. NUNLEY, 1983). Uma delas, representando uma serpente, pode se erguer até dois metros no ar. Considera-se que essas máscaras elaboradas de inspiração animal, incluindo a borboleta e a cobra, trazem fertilidade às plantações. Elas também ajudam a manter o equilíbrio entre a comunidade ali assentada e as forças sobrenaturais que habitam as matas selvagens ao redor. Essas máscaras são pintadas principalmente de preto, branco e vermelho em desenhos geométricos. A elite do povo Guro da Costa do Marfim, também com o objetivo de manter o equilíbrio com seu ambiente natural, cultiva uma relação sagrada com as criaturas da floresta, que são honradas em uma mascarada cerimonial. Apesar de uma das três vestimentas, Gu, representar uma entidade feminina, as mulheres não estão autorizadas a dançar a mascarada. Elas são, no entanto, "mãe(s) da máscara", e uma delas, mais velha, é encarregada da sua alimentação ritual. A máscara é levada à cerimônia de circuncisão de uma menina, quando recebe gotas de sangue para renovar e alimentar sua essência, sendo então devolvida a seus guardiões masculinos. Muitas mascaradas africanas não permitem a participação ou a presença de mulheres, mas, em alguns casos, elas são as guardiãs do ritual, como ocorre no povo Kono da Libéria.

Uma das mais estudadas mascaradas africanas é o festival Gèlèdé do povo Iorubá da Nigéria. Ainda que tal cerimônia celebre o poder das mulheres, elas são proibidas de participar da mascarada propriamente dita. Em vez disso, ela é dançada por homens, que usam máscaras de madeira que retratam os espíritos femininos e se vestem com trajes que representam, de um jeito cômico, seios e quadris acentuados (cf. fig. 1, p. 48). Diz-se que a *performance* Gèlèdé promove harmonia social, fertilidade e sobrevivência. É também um evento que destaca a força feminina e sua necessidade para a prosperidade e o progresso contínuos da comunidade.

As mulheres das sociedades secretas Sande do povo Mende parecem estar entre as poucas mulheres que realmente usam máscaras e dançam em uma mascarada (cf. PHILLIPS, 1995, p. 113-137). Recém-iniciadas na sociedade Sande feminina, as meninas retornam ao vilarejo como mulheres Mende portando máscaras Sowei. Diz-se que a máscara representa os ideais morais, espirituais e estéticos da sociedade Sande e da beleza feminina, que inclui penteados artisticamente arranjados e elaborados, uma expressão de tranquilidade interior, boca e orelhas pequenas (cf. BOONE, 1986, p. 39). O tamanho diminuto dos lábios e ouvidos indica que a mulher ideal não faz fofoca, nem escuta palavras de sedução. Se um animal adorna o topo da máscara, diz-se que ela atesta a qualidade de dançarina da mulher, bem como a conexão entre este mundo e o dos antepassados e deuses. Mas há máscaras que não são criadas para serem usadas. Para o povo Mano da Libéria (cf. VISONÀ; POYNOR; COLE, 2001, p. 184, 190), por tradição, um ferreiro era nomeado juiz. Ao lidar com um caso, ele colocava a máscara no chão, apresentava o problema para ela e, em seguida, interpretava sua resposta. No fundo da máscara, parece haver barbantes com uma pedra amarrada em sua extremidade, que deveriam indicar o número de pessoas "mortas pelo poder sobrenatural da máscara ou executadas em seu nome". O povo Mano também tinha uma máscara de chifre que era usada para julgar sobrenaturalmente as disputas entre famílias, a cobrança de dívidas, ou mesmo algo a princípio tão mundano, como organizar a distribuição de alimentos em um funeral.

Algumas palavras precisam ser ditas sobre certas concepções equivocadas bastante comuns que as pessoas de fora têm sobre as mascaradas cerimoniais africanas. Em primeiro lugar, frequentemente assume-se que o objeto físico da máscara é muito antigo ou que as máscaras mais antigas seriam mais apreciadas. Na verdade, muitas mascaradas tradicionais africanas fazem novas máscaras a cada novo festival realizado, e máscaras antigas costumam ser destruídas ou descartadas. Nesses casos, a tradição está na *performance* da mascarada, não nas máscaras em si. Muitas vezes há certo equilíbrio entre as máscaras antigas e novas. As máscaras mais sagradas das sociedades Sande são bastante antigas, e acredita-se que tenham sido esculpidas por espíritos da água. Elas só podem ser utilizadas em danças por anciãos já iniciados da sociedade. Entretanto, novas máscaras estão sendo criadas o tempo todo e também são utilizadas nas mascaradas. Em segundo lugar, muitas vezes se presume erroneamente que os temas retratados nas mascaradas são oriundos de tempos imemoriais. Na verdade, há constante incorporação de temas novos e relevantes. As mascaradas africanas muitas vezes incorporam máscaras que representam colonos e estrangeiros (cf. KRAMER, 1993, p. 138-178). Por isso, deve-se concluir que as mascaradas tradicionais não são relíquias do passado, mas sim reflexões atualizadas e oportunas da vida de seus artistas e públicos.

Artefatos de contas e missangas

Artefatos de contas intrincadas e elaboradas são uma marca registrada da cultura material em muitas comunidades africanas. Embora esse tipo de objeto remonte aos tempos antigos na África, a chegada de contas de vidro em contato com os europeus teve efeito profundo sobre essa forma cultural e material do continente. O sentido das contas e das missangas muitas vezes está nos padrões e nas cores. Certas cores são sagradas para certas entidades ou forças sobrenaturais e, portanto, quando usadas por um indivíduo, invocam sua proteção.

Entre as tradições de artefatos de contas no sul da África estão as dos povos Zulu e Xossa (cf. VAN WYK, 2003, p. 12-33, 93-94), que utilizam contas para criar colares, brincos e pulseiras capazes de proteger seu portador de forças sobrenaturais malévolas. Esses grupos são conhecidos pelos padrões geométricos marcantes e pela combinação de pares de cores ousadas em seus colares. Os Zulu e os Xossa também usam contas para adornar saias, camisas, coletes e aventais com desenhos complexos, a fim de comunicar o estado civil, a posição social ou o estado espiritual da pessoa que usa tais vestimentas. As contas são, portanto, um meio primordial para que esses grupos sul-africanos exprimam sua vida espiritual, social e econômica.

Na África Ocidental, os Iorubá também dominaram essa habilidade. Eles fazem objetos sagrados inteiramente a partir de contas delicadas, e muitas vezes caras. O adê (coroa) dos reis iorubanos são magníficas obras de arte com contas que não só contêm os poderes místicos das entidades sagradas, mas também transmitem esse poder sagrado ao rei (cf. fig. 2, cf. p. 66). O poder da coroa é reforçado pelo intricado arranjo de pássaros no topo, ao qual se atribui a função de significar o poder feminino das mães e bruxas. O véu de contas que esconde o rosto do rei cria uma barreira entre o poder do olhar do soberano e o público. Ela também serve para lembrar ao povo que o rei não é uma pessoa comum, mas sim alguém com poder sobrenatural e *status* divino.

O povo Bamum das pradarias de Camarões decoram estátuas de madeira esculpida, tronos e escabelo com missangas. As contas são usadas para indicar o prestígio e o *status* divino dos objetos que elas cobrem. Isso se aplica particularmente ao trono e ao escabelo dos pés do rei Bamum (cf. GEARY, 1981). Antes de apresentar o banco ao rei, um sumo sacerdote manchará a parte inferior do objeto com sangue sacrificial e aninhará remédios espirituais dentro dele. Esse ritual infunde o trono com poder divino, poder que se dissipa com a morte do rei, momento em que esse mesmo trono é enterrado junto com o soberano.

O povo Kuba e seu vizinho, o povo Luba, são duas comunidades da África Central conhecidas por seus elaborados artefatos de contas, que enfeitam os emblemas reais e os instrumentos sagrados usados em cerimônias. Os trajes que os reis vestem são feitos de numerosas peças, incluindo uma túnica com contas, protetores de braços e pernas e uma pesada coroa em forma de capacete. Os sacerdotes videntes dos Luba usam capacetes de missangas intrincadas e uma infinidade de colares de contas quando são possuídos.

Oralidade e música: a *performance* nas religiões africanas

As culturas tradicionais africanas são, em larga medida, de natureza oral. Os conhecimentos sobre os antepassados, as divindades, a história do clã e a política local são transmitidos por meio de narrativas, canções, poesia de louvor e conversas face a face. Seria um erro assumir, por causa disso, que a África não tem uma história rica e extensa de cultura escrita. Os hieróglifos egípcios são uma das mais antigas línguas escritas. A alta civilização cristã da Etiópia criou um enorme *corpus* literário em Ge'ez e preservou uma série de importantes documentos cristãos em tradução. De modo similar, a civilização muçulmana do norte da África não só detinha um grande *corpus* de literatura original em árabe, especialmente textos médicos e científicos, mas também preservou uma tremenda quantidade de textos antigos, que ela reintroduziu na Europa medieval, entrando pela Espanha. Em todos os lugares onde o Islã foi introduzido na África, o árabe escrito veio junto. Uma das maiores universidades do mundo na era medieval estava localizada em Tombuctu, no império de Mali. Acredita-se que as bibliotecas dessa universidade tinham provavelmente mais de um milhão de volumes em árabe. Portanto, a primazia cultural e religiosa dada em grande parte da África à oralidade e não à palavra escrita deve ser vista como resultado mais de preferência do que de necessidade.

A importância da oralidade e da fala na África pode ser notada nas muitas palavras que diversos grupos culturais usam para descrever uma pessoa sábia ou inteligente. Para os Limba e os Barundi, alguém é inteligente se usa bem a fala. A maioria das sociedades africanas elogia os cantores que recitam não apenas a linhagem de uma pessoa mas também as realizações dessa linhagem ou desse clã. As palavras têm poder. Essa dimensão performativa das sociedades africanas torna-se ainda mais evidente na prática religiosa. Contos épicos, canções para as divindades, poesias de louvor, encantamentos e recitações de versos de adivinhação são todos exemplos dessa rica arte verbal. Segundo os Dinca do Sudão, "o discurso criativo de uma pessoa é [...] parte integrante de seu *ethos* ou de sua personalidade". As palavras têm o poder de trazer as coisas à existência e de infundir-lhes vida.

Durante cerimônias religiosas, a música está quase sempre presente. Nesses casos, ela é uma linguagem que fala às divindades e aos seres sagrados. O canto dos sacerdotes e o acompanhamento musical, em geral tocado em tambores, comunicam-se em uma língua mística que as deidades entendem e à qual elas se sentem compelidas a responder. No festival sagrado de Odudua, o primeiro rei e antepassado do povo Iorubá, utiliza-se um instrumento sagrado de percussão, chamado *ęgańrań*, uma vez que é proibido tocar tambor. O *ęgańrań* é um conjunto de gongos de ferro que produzem sons rítmicos percussivos e excitantes quando batidos juntos. A voz do sacerdote ou da sacerdotisa é dotada de poder místico, devido à exaltada condição espiritual que ele ou ela alcança durante a iniciação. Na maior parte dos casos, há também treinamento e aprendizagem envolvidos no ensino de como transformar a voz em um instrumento para engajar forças sobrenaturais. Não é necessariamente todo sacerdote ou toda sacerdotisa que terá a voz necessária para cantar e invocar as divindades para habitarem os hospedeiros humanos durante uma possessão. Acredita-se que os cantores *ìjálá* do povo Iorubá são inspirados pela divindade Ogum.

Contos como a narrativa épica Mwindo do povo Banyanga (República Democrática do Congo) ou o épico malinês Sundiata contam as aventuras heroicas do ser humano, suas batalhas e seus triunfos em oposição às divindades ou em aliança com elas. Esses contos épicos são significativos, pois reforçam a reciprocidade da relação entre os humanos e suas deidades. Alguns grupos africanos, como os povos Lega e Mongo da África Central, acreditam que mesmo os bardos recebem sua habilidade e seu conhecimento sobre como contar suas histórias a partir da inspiração divina.

O discurso dos videntes, em razão dos poderes que lhes foram dados durante sua iniciação, tem a capacidade de invocar entidades sobrenaturais poderosas. Para os sacerdotes do Ifá iorubano, a recitação de versos divinatórios é um ato poderoso que pode, às vezes, induzir os resultados desejados por seus clientes sem que nenhuma outra ação seja necessária. Os povos africanos têm há muito tempo convicção de que sons e palavras também podem ter fortes efeitos negativos. Isso é demonstrado pelas estátuas de vítimas sacrificiais que foram desenterradas em Ifé, Nigéria (cf. WILLETT, 1967, p. 68-69). Considera-se que as bocas dessas estátuas foram atadas para que elas não pudessem lançar maldições sobre seus algozes. As bruxas também são conhecidas pelo poder de suas palavras e são temidas especialmente por sua capacidade de amaldiçoar aqueles que incorreram em sua ira.

Arte divinatória

A vidência é uma parte integrante da prática religiosa africana. Muitas dessas práticas de adivinhação utilizam objetos especificamente feitos e ritualmente aprimorados para fins divinatórios. Os objetos sagrados usados para esse fim incluem estátuas de madeira, ossos de animais, cabaças de *design* intrincado e lindas bolsas de contas. Os videntes do povo Luba Bilumbu da República Democrática do Congo usam cabaças muito decoradas e esculpidas, que se acredita conterem as provas e promessas de sua profissão. Eles consultam o microcosmo dos espíritos que habitam a cabaça para resolver problemas de seus clientes. Às vezes, essas cabaças contêm figuras esculpidas que representam os espíritos presentes dentro delas. O povo Guro da Costa do Marfim é bem conhecido por sua prática singular de adivinhação por meio de ratos. Lendo os rastros e movimentos do animal por meio de uma série de ossos sagrados, o vidente é capaz de adivinhar os problemas de seu cliente. Os videntes também mantêm junto às suas camas duas figuras esculpidas, muitas vezes uma masculina e outra feminina, para oferecer proteção e prevenção contra doenças. A essas figuras esculpidas, comida, dinheiro e outros itens valiosos são ritualmente oferecidos. Além disso, elas servem como mensageiros do mundo espiritual, que informam ao vidente onde encontrar ervas para remediar os problemas de seus clientes. Os implementos do babalaô iorubano incluem uma bandeja esculpida de forma elaborada que muitas vezes apresenta o rosto do deus mensageiro Exu na parte superior. O babalaô também carrega um tapete cerimonial elaborado que é usado para marcar o tempo durante a recitação da poesia divinatória. A bolsa do vidente usada para guardar seus instrumentos é geralmente feita de contas com um design complexo. Muitas vezes, os videntes também têm uma tigela esculpida montada para as 16 nozes de palma sagradas usadas na adivinhação. A tigela costuma retratar cenas que representam a continuidade da vida ou uma figura que significa a busca de conhecimento ou sabedoria.

Arte corporal e estilo

Para muitas sociedades africanas, a arte não diz respeito apenas a cultura material e objetos tangíveis. O corpo também se torna uma tela natural para honrar as divindades e buscar sua proteção e beleza. Mesmo que muitas das práticas de embelezamento corporal sirvam para identificar clã, linhagem e hierarquias sociais, há casos em que essas práticas são empregadas para fins espirituais. Os iniciados em vodu na África Ocidental muitas vezes usam penteados que são indicativos do deus a quem eles se dedicam. Como o deus é visto como residente da cabeça do iniciado, esse cuidado com o estilo do cabelo é bem adequado e serve ao propósito de tornar os iniciados imediatamente reconhecíveis àqueles familiarizados com a tradição. Da mesma forma, muitos iniciados de tradições religiosas da África Ocidental têm suas cabeças raspadas durante o processo de iniciação.

A pintura corporal também é comum durante os rituais de iniciação, com círculos, linhas e manchas feitas com tintas vegetais e minerais para indicar o poder dos espíritos. Cortes rituais também são feitos frequentemente na pele da cabeça, do rosto, dos braços, do tronco e das pernas durante esse período. Tais cortes são usados como uma forma de introduzir medicamentos no corpo do iniciado, mas, novamente, também servem como modificações corporais decorativas, que tornam o iniciado reconhecível para aqueles que podem "ler" tais marcas. O povo Oromo da Etiópia cobre seus corpos com cicatrizes em relevo, que são esfregadas com remédios para proteger o portador e afastar os maus espíritos. Em Moçambique, os Macondes consideram as tatuagens corporais em relevo tão importantes que devem ser representadas em muitas de suas figuras esculpidas em madeira. Às vezes, não são tanto as marcas no corpo que são consideradas sagradas, mas sim os implementos empregados para fazê-las. Entre os Iorubá, as ferramentas de ferro do orixá Ogum são utilizadas nesse processo, e assim demonstram o poder transformador da divindade: o que era simples torna-se mais belo e espiritualmente protegido ou aprimorado.

A interseção entre os padrões de beleza feminina do povo Mende e seus ideais religiosos pode ser vista nos ritos de iniciação Sande, que ensinam às meninas certos princípios estéticos e comportamentais. Muitas vezes, esses valores religiosos ensinados pelas sociedades secretas são difíceis de distinguir das noções de beleza não religiosas dos Mende. A divindade sereia Tingoi é a encarnação definitiva dos ideais estéticos femininos desse povo. Como as máscaras sagradas da sociedade Sande, Tingoi tem pequenas feições faciais, uma compleição delicada, cabelos pretos compridos e um longo pescoço forrado. Mulheres muito bonitas às vezes são comparadas a ela. Outro ideal estético é o *haenjo*, associado à garota pubescente no dia em que ela emerge de sua iniciação Sande como uma mulher Mende recém-feita. Para estar à altura desse padrão de beleza, sua compleição deve ser bela e luminosa, seus olhos límpidos e corteses, ela deve estar bem-vestida, e seu cabelo deve estar perfeitamente penteado. O estilo do cabelo é um dos aspectos mais importantes da feminilidade Mende. As mulheres devem ter o cabelo comprido, preto, bem oleado e encorpado. As novas iniciadas têm seus penteados puxados para cima e arranjados em cima da cabeça por um nó, um estilo que imita as máscaras sagradas Sande e é visto como o ápice da beleza feminina. As mulheres Mende mantêm seus cabelos bem entrançados para que a forma da cabeça fiquei nitidamente visível, já que a forma redonda da cabeça é considerada muito bonita. Elas também se esforçam para ter tranças únicas e elaboradas, que mantêm apertadas e bem cuidadas. Isso é considerado um dos mais importantes sinais de beleza e é relevante, em particular, como sinal de que a mulher tem compromisso com o prazer de seu marido. Embora alguns desses ideais estéticos sejam tecnicamente seculares, essas discussões mostram o quanto eles estão atravessados e influenciados pelas tradições Sande.

Em parte, o vestuário é outro aspecto ditado por preocupações religiosas. Todas as sociedades iniciatórias discutidas anteriormente têm trajes específicos que os iniciantes devem vestir em várias etapas do processo de iniciação. A importância do vestuário de noiva também foi mencionada. Ainda, muitas dessas sociedades iniciatórias ditam estilos e cores de roupas que podem ser usadas por aqueles que passam por elas. Por exemplo, os iniciantes do Ifá na Nigéria geralmente são obrigados a usar apenas branco por pelo menos um ano após a iniciação, e às vezes por muito mais tempo. O tecido chamado de *kente* pelo povo Axante de Gana é famoso no mundo inteiro por suas cores brilhantes e seus desenhos geométricos refinados. O pano, feito por artesãos hereditários, é um presente comum em ocasiões religiosas, tais como nascimentos, titulações e celebrações de casamento. As cores e os padrões do tecido estão carregados de significado, pois o pano é escolhido para corresponder a eventos específicos. É destinado a ser usado apenas em acontecimentos especiais, muitas vezes de natureza cerimonial ou religiosa. Alguns padrões são usados somente por pessoas de *status* elevado, como reis e chefes. A forma como o pano é usado tem um significado simbólico. Soberanos e oficiais importantes – bem como aqueles que celebram ocasiões extremamente especiais – usarão o *kente* de modo que ele se arraste no chão. Isso significa que suas vidas são abundantes o suficiente para que possam se dar ao luxo de danificar o tecido caro, uma vez que têm condições de substituí-lo.

Toda vida da visão e da escuta africana é tecida em sentido religioso. No período contemporâneo, as obras do continente são interpretadas no contexto das experiências históricas e culturais dos africanos. Até mesmo o comportamento corporal, o vestuário e o asseio são influenciados por ideais religiosos. Para entender o verdadeiro alcance e significado da arte africana, é preciso entender o quanto ela é profundamente influenciada por convenções e sentidos religiosos.

6
CRISTIANISMO E ISLAMISMO NA ÁFRICA

A África absorveu essas duas religiões exógenas. Apesar de terem vindo de fora, o islamismo e o cristianismo estão presentes no continente africano há quase tanto tempo quanto eles existem. Isso significa que os africanos tiveram séculos para desenvolver adaptações singulares das práticas cristãs e islâmicas, bem como teologias específicas para torná-las bem adaptadas às necessidades africanas. Isso também significa que, em muitos aspectos, nenhuma dessas duas religiões pode ser considerada particularmente estranha à África; em alguns casos, suas formas africanas são mais antigas do que algumas das "religiões tradicionais". De todo modo, o islamismo e o cristianismo mudaram tanto quanto as religiões tradicionais e, em alguns casos, adotaram formas inteiramente novas. Tal afirmação faz uma importante correção na tendência de ver como velhos os sistemas religiosos da tradição e como novas as duas religiões globais. De fato, todas elas estão em constante mudança mudando e incorporando aspectos tanto antigos como novos em suas práticas.

Primeiro contato

O cristianismo apareceu no continente africano muito cedo em sua história. Em particular, o norte da África foi palco de uma efervescência da religião cristã, que foi fundamental para moldar a Igreja primitiva. A África é mencionada na narrativa bíblica várias vezes: quando criança, Jesus foi levado ao Egito para proteção; um

117

dos episódios mais importantes do livro de Atos narra o batismo de um eunuco etíope por Filipe, o Evangelista (Atos 8); Santo Agostinho, um dos teólogos mais importantes do cristianismo, foi bispo de Hipona (atual Argélia); e o escritor cristão Tertuliano era de Cartago (atual Tunísia). Notadamente, tanto Agostinho quanto Tertuliano falavam latim e viviam nas províncias romanas da África, o que mostra até que ponto a África era parte integrante do mundo da Antiguidade Clássica.

O cristianismo chegou à África pelas mãos do Império Romano, entrando pelo norte do continente (cf. AFOLAYAN, 2000). Quando Roma converteu-se à religião cristã, o mesmo aconteceu com suas colônias. Assim, o cristianismo apossou-se do Egito. Mas, ao adotar o monofisismo, a Igreja egípcia ficou separada da maioria da cristandade, que considerou essa tese uma heresia e adotou a posição calcedônia, segundo a qual Cristo era inteiramente humano e inteiramente divino, tendo, assim, duas naturezas. Os monofisistas acreditam que Jesus tinha apenas uma natureza divina, em vez de ser tanto humano quanto Deus. Essa crença caracterizou a Igreja Copta egípcia primitiva, que foi a primeira forma de cristianismo institucional organizada no continente africano. Foi também ali que a primeira tradição monástica cristã surgiu, entre aqueles que foram posteriormente chamados de "Padres do Deserto". Do Egito, a religião espalhou-se para a região da Núbia. O engajamento missionário no século VI ajudou a converter mais pessoas ao redor do reino para a Igreja Copta. Com o passar do tempo, as práticas religiosas e os rituais nativos mudaram. Por exemplo, os governantes núbios deixaram de construir túmulos e pirâmides. A realeza sagrada nativa exigia comida, servos e armas para acompanhar o rei mumificado à vida após a morte, mas, ao se converterem para o cristianismo, os líderes falecidos passaram a ser somente envoltos em tecido e enterrados de frente para o Leste, para que pudessem ver Jesus, quando ele voltou como o Sol nascente. A maior mudança manifestada nas novas Igrejas, que foram construídas em numerosas cidades núbias, foi a introdução da liturgia na vida cotidiana do povo. Anteriormente, a ênfase na realeza sagrada parecia limitar a prática religiosa cristã aos líderes políticos de elite.

A era dourada do cristianismo norte-africano não durou muito tempo, no entanto. No século VII, o Islã estabeleceu-se na Península Arábica, e no século VIII os incansáveis soldados árabes foram se expandindo para o norte da África. Uma guerra santa – *jihad* – de um século de duração, conduzida por árabes no Egito, converteu o país do cristianismo para o Islã. Os cristãos egípcios acolheram a nova ordem, pois haviam sofrido muito sob domínio bizantino. A conversão ocorreu, ao menos em parte, devido à pressão econômica: os árabes exigiam a conversão ou o pagamento da *jizya* (imposto sobre não muçulmanos), taxa que recaía sobre todos os judeus e cristãos. A conversão ao islamismo libertava assim os egípcios de um pesado fardo financeiro, ao mesmo tempo que os livrava das tensões teológicas com Roma. Núbia resistiu à conversão assinando um pacto de não agressão com o governo árabe, pelo qual eles concordaram em fornecer mercadorias desejadas pelo Egito a cada ano. Porém, o cristianismo núbio deu lugar ao islamismo em 1272, quando seu regente submeteu-se aos governantes árabes do Egito. Abdallah Barshambo tornou-se o primeiro rei núbio explicitamente muçulmano em 1315. Ao mesmo tempo, o Islã estava convertendo os Berberes, que eram o povo nativo do Magrebe (palavra que significa "oeste" em árabe e indica a área que abrange Marrocos, Argélia, Tunísia, Líbia e Mauritânia). Embora os Berberes fossem no início resistentes, eles acabaram por se converter, e deles surgiram vários grupos fundamentalistas, notadamente os almorávidas, que procuraram expandir o território do Islã.

O cristianismo adentrou a região de Axum, na Etiópia moderna, no século III. Frumêncio e Edésio, dois cristãos, fizeram amizade com o rei Ella Amida de Axum. Eles assumiram o papel de mentores do filho do rei, Ezana, que se converteu ao cristianismo (cf. FINNERAN, 2002, p. 125). Tão logo Frumêncio tornou-se bispo, ele o acolheu abertamente em seu reino. Ao assumir o trono,

Ezana, junto de Abuna Salama, trabalhou para evangelizar a Etiópia. Ele foi bem-sucedido, e o cristianismo passou a ser a religião dominante no fim de seu reinado. No século V, nove monges da Síria introduziram o monasticismo na região e fundaram Debre Damo, um mosteiro no alto dos penhascos da província de Tigre.

Desdobramentos posteriores

Os Ibaditas, que diferem dos sunitas e xiitas muçulmanos por acreditarem que o Alcorão foi criado e não é a palavra não criada de Deus, foram os primeiros a introduzir o Islã na África Ocidental. A religião chegou em conjunto com o comércio, apresentando assim sua língua e sua cultura como meios de comunicação úteis entre os comerciantes de diversos grupos étnicos. O islamismo forneceu um código moral distinto que facilitou os negócios entre os grupos. No entanto, sua influência sobre os reinos nativos cresceu lentamente. Na Gana antiga, os mercadores muçulmanos residiam em enclaves separados e não entre a população geral. Lá, eles construíram mesquitas e instituíram suas próprias estruturas políticas. War Dyabi de Takrur, no Senegal moderno, foi o primeiro líder da África Ocidental a se converter ao islamismo, gesto que marcou o início de uma tendência na qual os líderes políticos convertiam-se enquanto seus súditos permaneciam leais às suas crenças tradicionais.

Esse padrão mudou no século XI, quando vários chefes e reis que governavam o trajeto de rotas comerciais essenciais também se converteram ao Islã, normalizando, assim, a presença da religião nas comunidades subsaarianas. Durante esse período, o império sudanês cresceu e expandiu-se; o Islã da África Ocidental viveu uma era dourada, durante a qual a religião floresceu em grandes cidades como Tombuctu, Gao, Jenne e Dia. Nesses lugares, as ciências, a cultura e as artes islâmicas tiveram forte estabelecimento. Uma conversão histórica ocorreu no século XIII, quando Sundiata, rei de Mali, tornou-se muçulmano. Um descendente igualmente famoso de Sundiata, Mansa Musa, criou numerosas mesquitas e instituições educacionais islâmicas em todo o império em expansão. O *hajj* de Mansa Musa – ou seja, sua peregrinação para Medina e Meca – tornou-se um evento lendário como testemunho da grande riqueza do império malinense. Durante a viagem, a cada sexta-feira, quando ele parava em determinado lugar, o líder peregrino ordenava a construção de uma mesquita. O gasto foi tamanho que o preço do ouro temporariamente caiu quando Musa passou pelo Egito.

Entretanto, a proeminência do Islã entre líderes políticos fez com que ele começasse a recuar quando o império malinense caiu. Das cinzas do Mali antigo cresceu outro famoso império sudanês, Songai, que, como o anterior, gabava-se de governantes poderosos como Sunni Ali e Askia, o Grande. Enquanto reis, chefes, mercadores e clérigos nos impérios sudaneses ocidentais tornavam-se muçulmanos, a maioria da população permanecia com suas crenças nativas. Com o tempo, foram se criando os meios para que as práticas religiosas do povo Bambara suportassem a maré muçulmana, situação que hoje é observada no Estado nacional do Mali. No entanto, muitos nessa região permanecem muçulmanos até hoje, em parte devido às conversões desses grandes líderes.

A islamização da África Oriental seguiu as rotas comerciais através da Etiópia, um reino primordialmente cristão. A decadência do cristianismo no Egito e na Núbia facilitou a aceitação do Islã ao longo da região do Chifre da África (Península Somali) e das regiões costeiras do centro-oeste. Comerciantes muçulmanos de Omã e do Oriente Médio procuraram estabelecer laços no Oceano Índico por meio de rotas comerciais com o Quênia e a Tanzânia, e no processo o islamismo também foi introduzido nessas áreas. Os somalis mantiveram sua identidade cultural enquanto se convertiam ao Islã, porque os imigrantes muçulmanos chegaram em menor número; em vez de uma arabização total da região, a cultura somali absorveu os grupos de mercadores e clérigos ingressantes nessa região. Consequentemente, o reino da Somália manteve com sucesso suas práticas culturais específicas.

Com o tempo, os muçulmanos de língua árabe começaram a penetrar no interior e se depararam com falantes banto. Isso levou ao surgimento da língua e da cultura suaíli, a língua africana mais popular hoje em dia. Com ela houve maior propagação do Islã no leste da África. Com a fixação de rotas comerciais que atravessavam o Saara, o comércio de escravizados desenvolveu-se. Os africanos negros, principalmente da África Ocidental, foram levados para o Norte, para o Magrebe, assim como para o Leste, para o Oceano Índico. Esse comércio resultou em um número considerável de escravizados negros sendo enviados a Marrocos, Líbia e Argélia, onde é possível hoje encontrar seus descendentes. Escravizados negros também foram enviados para o Oriente Médio, incluindo a Arábia Saudita e o Kuwait. Além disso, um pequeno, mas considerável número de africanos negros foram vendidos como escravizados no sul da Ásia por meio do Oceano Índico.

A África não era uma tábula rasa quando as religiões abraâmicas chegaram ao continente. Por isso, as culturas nativas impactaram as práticas islâmica e cristã tanto quanto essas tradições deixaram impressões em seu novo meio. O chefe do povo Berguata, que viveu no que hoje é o Marrocos, desenvolveu uma nova religião ao escrever um Alcorão em berbere (cf. EL FASI; HRBEK, 1988). Salih ibn Tarif também desenvolveu novas formas de culto, com elementos obtidos de ritos tanto islâmicos como indígenas. É importante ressaltar que ele se considerava um profeta, uma função estratégica para fazer avançar essa nova religião. Esse foi talvez o exemplo mais robusto de uma forma nativa de islamismo no norte da África.

O Islã passou por outras africanizações duradouras, mais notadamente nos amuletos usados por seus adeptos contemporâneos. Esses adornos protetores tinham um elemento escrito junto com um elemento gráfico. A parte escrita pode ser um verso do Alcorão ou passagens de manuais e livros divinatórios islâmicos sobre numerologia. Normalmente, o adorno traz o texto em árabe. O componente gráfico pode incluir quadrados mágicos ou referências planetárias. Tais criações são aceitáveis no Islã africano porque se considera que Alá, seus anjos e os bons *djinn* fortalecem-nas. Essa prática combina a criação de amuletos, uma práxis nativa, com uma fé profunda no Alcorão e em seu poder. Esse é um caso em que a prática espiritual africana remodelou a tradição islâmica.

A segunda fase da entrada do cristianismo na África resultou do contato de portugueses ibéricos com as regiões oeste e centro--oeste do continente durante o processo de exploração marítima. A Igreja Católica Romana apoiou as atividades comerciais da coroa portuguesa em território africano, com o raciocínio de que elas viabilizariam um meio de difundir a mensagem cristã em áreas antes não evangelizadas. Os portugueses fizeram algum contato com os reinos da África Ocidental, como os reinos Benim e Warri, mas foi principalmente no centro-oeste africano que eles tiveram o maior sucesso como comerciantes e evangelistas.

Em 1491, o rei do Congo, Mbemba Nzinga a Nkuwu, foi batizado como cristão pelos missionários portugueses, que o rebatizaram como rei João I do Congo. A conversão estabeleceu o cristianismo como a religião oficial da corte desse reino e resultou em numerosas conversões entre os membros de elite do Congo. Os padres católicos romanos, a partir de então, fixaram-se permanentemente no reino. Além disso, muitos integrantes da elite social congolesa viajaram para Portugal, onde foram recebidos na corte e, em alguns casos, receberam educação secular e religiosa. O resultado desse processo de interação intercultural foi a criação de uma cultura híbrida luso-congo. O português era falado na corte, e o cristianismo era adotado não apenas pelas classes altas mas também por pessoas comuns fora da capital, que, sempre que possível, eram batizadas como cristãs e adotavam nomes portugueses.

O cristianismo praticado pela maioria dos congoleses era fortemente tingido pelas práticas religiosas tradicionais do povo Congo, e os convertidos muitas vezes seguiam adotando-as lado a lado com o cristianismo. A opinião predominante era de que os padres católicos romanos, longe de trazerem uma visão religiosa totalmente diferente, tinham remédios poderosos relacionados a um feitiço muito potente. Essa hibridização de culturas contribuiu de maneira significativa para o que alguns estudiosos anglófonos chamaram de "Charter Generation", uma geração de africanos com uma cultura híbrida, africana e europeia, fenômeno que ajudaria a explicar a rapidez com que os escravizados africanos desenvolveram culturas e línguas crioulas nas Américas (cf. BERLIN, 1998, p. 15-77).

O cristianismo carrega uma profunda culpa pelo comércio africano de escravizados, uma vez que sempre forneceu um manto moral para a compra e venda de seres humanos. Ao contrário do que muitos imaginam, a maioria dos escravizados africanos não foram capturados diretamente por europeus. Com notáveis exceções, esses apenas não tinham a proeza naval ou militar nem a tecnologia durante esse período para exercer uma força dominadora sobre os poderosos reinos do oeste e do centro-oeste da África. A escravidão já era endêmica em todo o continente, sendo comum sobre povos derrotados. Alimentados por um tempo bastante belicoso na história africana – e pela demanda europeia por escravizados –, muitos reinos da África Ocidental e do Centro-Oeste, com armas fornecidas por seus aliados europeus, empreenderam mais e mais campanhas militares extremas, o que produziu mais escravizados que poderiam ser vendidos para as Américas. É óbvio, portanto, que tanto europeus quanto africanos foram responsáveis pelo comércio de escravizados no Atlântico, ao contrário da impressão criada pela imagem de caçadores europeus com redes.

No entanto, o cristianismo proporcionou a contínua fundamentação moral de que a escravidão dos africanos representava uma oportunidade única para a evangelização: os europeus podiam apresentar o argumento conveniente de que os males temporários da escravidão eram muito superiores quando comparados com a condenação eterna reservada para todos os africanos que morressem sem se converter e aceitar Cristo. Ainda que se possa questionar até que ponto os europeus envolvidos no tráfico escravista acreditavam, com sincera convicção, que a escravidão era uma necessidade moral, muitos certamente agiam *como se* ela fosse necessária. Para esse fim, a Igreja Romana forneceu uma vasta rede de guardiões espirituais e instituições religiosas, visando apoiar todas as facetas do tráfico escravista – desde cortes reais a fortalezas escravistas, navios e destinos americanos. Nos fortes de escravizados, que pontilharam a costa africana, onde eles esperavam, às vezes por meses, o transporte para as Américas, os padres frequentemente trabalhavam como catequistas, batizando e dando instruções religiosas em um idioma que mal compreendiam, se é que chegavam a entender alguma coisa.

Colonialismo e depois

Entre os séculos XVII e XIX, as regiões oeste e norte da África experimentaram numerosas ondas de *jihad* inspiradas por novas formas de islamismo radical. Várias dessas seitas reformistas eram sufis, movidas pela crença de que, embora muitos governantes fossem muçulmanos no nome, eles eram de fato insuficientemente piedosos e muitas vezes retomavam formas religiosas africanas tradicionais. Além disso, muitos adotaram a crença popular de que, na virada de cada século, Deus envia um reformador.

Certamente, um dos mais bem-sucedidos desses reformadores foi Usman dan Fodio, um estudioso muçulmano do povo Fulani, que vivia na região de maioria hauçá no atual norte da Nigéria. Usman dan Fodio fazia parte da seita islâmica Qadiriyyah, uma forma de sufismo com inclinação reformista. Aborrecido pela opressão que experimentou nas mãos dos senhores de Hauçá, ele foi para o exílio com seus seguidores, eventualmente retornando para liderar uma campanha militar que resultou na fundação do Califado Socoto no século XIX. O califado era uma teocracia islâmica organizada com base na Xaria (lei islâmica) e teve influência de grande alcance na região, resultando em conversões em massa e na islamização de muitos dos governantes da região. Apesar de Socoto ter deixado de funcionar como um Estado independente durante o colonialismo britânico, ele existe até hoje como um império espiritual. O atual sultão de Socoto, um descendente de Usman dan Fodio, é considerado chefe espiritual de todos os muçulmanos nigerianos.

Em meados do século XVIII, filantropos europeus estavam escrevendo extensivamente sobre os males da escravidão, e começaram a intervir de forma ativa para acabar com o tráfico escravista. Como parte do mesmo impulso para melhorar a vida dos africanos, uma enxurrada de missionários cristãos começou a chegar às costas da África e possivelmente nunca mais pararam de chegar desde então. Esses missionários diferiram dos esforços evangelizadores anteriores, pois eram independentes em larga medida e não traziam junto comerciantes, embaixadores ou mercadores escravistas.

Entre os grupos missionários mais importantes estava a Sociedade Missionária da Igreja (CMS), um órgão evangélico composto predominantemente de ingleses adeptos do anglicanismo. A CMS visava converter tanto a África Oriental quanto a Ocidental. Dizer que essa nova onda de missionários não era um órgão oficial do Estado não é dizer que eles não tinham segundas intenções. Muitos tinham visões bastante distintas de como melhorar a sorte dos africanos, o que muitas vezes significava torná-los menos africanos sempre que possível e treiná-los para realizar trabalhos e ofícios subalternos – em outras palavras, transformá-los em uma força de trabalho à disposição dos colonizadores e de interesses comerciais europeus. Esse tipo de missão foi resumido pelo *slogan* do missionário Robert Moffat, "A Bíblia e o arado". Moffat fazia parte da missão congregacionista da Sociedade Missionária de Londres, outra grande sociedade missionária de presença particularmente forte no sul da África. O trabalho missionário de Moffat foi conduzido na África do Sul, onde ele cristianizou e ensinou formas europeias de artesanato e agricultura.

Ao longo do século XIX, muitas atividades missionárias concentraram-se nas populações africanas em Serra Leoa e na Libéria, onde negros haviam sido "repatriados" pela Inglaterra e pelos Estados Unidos. Ambos os países foram fundados como pontos de retorno (ou, mais frequentemente, de devolução) dos negros à África. Após a abolição do tráfico escravista no Império Britânico em 1807, a marinha britânica começou a ter a rotina de atacar navios negreiros de outros impérios, levando as pessoas escravizadas para Serra Leoa. Ironicamente, mesmo que isso fosse visto como uma repatriação, muitos dos africanos levados para Serra Leoa eram de diferentes partes do continente – seria algo equivalente a devolver os alemães à Rússia. A Libéria, do mesmo modo, foi fundada por sociedades filantrópicas norte-americanas que desejavam retornar os escravizados libertados à África, em vez de deixá-los permanecer nos Estados Unidos. Numerosas sociedades missionárias norte-americanas trabalharam sem parar na Libéria enquanto os grupos missionários ingleses faziam o mesmo em Serra Leoa.

Em Serra Leoa, a CMS fundou o Fourah Bay College em 1827, a primeira faculdade de estilo europeu na África Ocidental. Criada para treinar missionários, Fourah Bay rapidamente fez a transição para ser uma faculdade completa, que concedeu diplomas por meio de sua filiação à Universidade de Durham na Inglaterra. Foi na Baía de Fourah que Samuel Ajayi Crowther educou-se como padre e foi ordenado, para mais tarde ser enviado como missionário à Nigéria. Crowther, que também era linguista, fez enormes progressos no desenvolvimento de ortografias e dicionários para línguas africanas, especialmente o iorubá. Depois ele foi ordenado como o primeiro bispo anglicano africano, ao ser nomeado em 1864 como bispo do Niger.

Com a introdução das formas ocidentais de educação, alfabetização e linguagem escrita, o cristianismo colonial criou um novo tipo de modernidade no continente africano, que foi adaptado aos objetivos cristãos – mas também aos fins colonialistas. Não há como superestimar a importância, em particular, das escolas da CMS. Uma das maiores consequências do encontro missionário foi o surgimento de uma nova classe de elites cristãs, uma burguesia que geralmente serviu como administradora colonial

127

sob o sistema indireto britânico de domínio colonial. Depois que os países africanos alcançaram a independência em meados do século XX, essa elite cristã tornou-se muitas vezes a nova classe governante de fato.

Apesar de variar consideravelmente conforme a região e o poder colonial vigente, o cristianismo tendia a se sair muito melhor sob o colonialismo do que o Islã. Talvez a exceção mais notável tenha sido nos territórios sob colonização francesa, onde a crença islâmica foi tolerada enquanto se faziam esforços para impedir a difusão do cristianismo, tido como portador de um potencial revolucionário maior. Entretanto, seus governos coloniais, de modo consistente, puserem fim às *jihads*. Por outro lado, nas colônias britânicas, a propagação do Islã foi ativamente desencorajada – como no norte da Nigéria, onde o Califado de Socoto foi suprimido e o governo dos líderes tradicionais de Hauçá foi retomado. Uma notável exceção foi o sucesso da seita islâmica heterodoxa chamada Ahmadi, que fundou várias escolas na Nigéria sob o colonialismo. Devido à sua orientação para o serviço e a educação, ela foi acolhida por muitos africanos ocidentais. Com o tempo, porém, sua afirmação herética de que seu fundador, Ahmad, era um messias e um profeta que veio depois de Muhammad diminuiu sua popularidade, e os muçulmanos foram levados a apoiar interpretações mais ortodoxas da região islâmica. No entanto, a seita Ahmadi continua a operar em menor número na África Ocidental.

A aclimatação do cristianismo na África subsaariana ocorreu em várias etapas e é um processo contínuo até os dias de hoje. Algumas das primeiras Igrejas independentes foram chamadas de Igrejas "etíopes" – não porque tivessem algum vínculo real com a Etiópia, mas sim porque foram adaptadas especificamente à liderança negra e fizeram da raça uma questão de relevância. Em geral, as Igrejas etíopes fizeram apenas ajustes superficiais na doutrina e nas práticas eclesiásticas, mas eram notáveis porque não dependiam da liderança branca nem se consideravam submetidas a um corpo eclesiástico europeu maior.

Com o tempo, surgiram as Igrejas Independentes Africanas (AIC), fundadas por africanos que se consideravam profetas e muitas vezes acreditavam ter recebido a revelação de uma visão de Deus para iniciar uma nova Igreja especificamente para os africanos. Trata-se sem dúvida do movimento cristão mais criativo e vibrante da história africana, pois ele tem levado a muitas conversões. Essas Igrejas tomam a cosmologia africana a sério e fazem grandes esforços para enraizar suas teologias em termos e práticas que fazem sentido para os africanos. Além disso, tendem a colocar uma ênfase igual ou maior nas escrituras hebraicas, entendendo-as como uma fonte de crença em profecias. A maioria delas pratica a cura pela fé e a oração em êxtase, crê em profecias e no significado religioso dos sonhos e vê-se engajada em uma batalha espiritual. Com frequência, essas Igrejas incluem a liderança feminina, e algumas foram fundadas por mulheres. Muitas vezes, seus membros são reconhecidos de imediato por seus "uniformes", que costumam ser constituídos de vestes inteiramente brancas. Como regra, suas práticas litúrgicas combinam tanto rituais nativos africanos quanto as tradições cristãs. Exemplos de AIC incluem a Igreja Aladura, a Igreja Celestial de Cristo, a Igreja Apostólica de Cristo, a Igreja do Senhor e a Igreja Querubim e Serafim, todas iniciadas na Nigéria; as chamadas Igrejas espirituais em Gana; a Igreja Zulu Sionista na África do Sul; e o kimbanguismo na região do Congo.

Quando foram fundadas, geralmente surgiram confrontos entre essas novas Igrejas e suas matrizes administrativas, por conta das diferenças oriundas da decisão de acomodar as necessidades existenciais e espirituais africanas. De fato, a independência espiritual tornou-se o tema central nas AIC. Embora não tivessem envolvimento direto na luta por libertação política, algumas delas defenderam de modo fervoroso a libertação espiritual das Igrejas europeias, cujas ideologias rejeitavam a herança espiritual africana local. Ironicamente, essas mesmas Igrejas africanas rejeitam as práticas religiosas nativas, considerando-as pagãs. Assim, existe uma ambiguidade marcante em relação à textura das religiões africanas dentro das Igrejas proféticas.

Figura 7 – Uma cerimônia na Igreja Shembe no Domingo de Ramos, perto de Durban, África do Sul. A Igreja Shembe, também conhecida como Igreja Batista de Nazaré, é uma Igreja nativa africana, constituída por elementos tanto das tradições zulu quanto do cristianismo.

As Igrejas pentecostais foram introduzidas na África na década de 1970, apesar de algumas terem tido longas relações com os pentecostais americanos e europeus. Elas ganharam mais tração na década de 1980 e mantêm estreitos laços históricos com o chamado Reavivamento da Rua Azusa, no início do século XX, nos Estados Unidos. Normalmente, são pessoas com boa educação que fundam Igrejas carismáticas; seus ministros abraçam a conversão espiritual radical, professando que se deve "nascer de novo" pelo batismo do Espírito Santo. As Igrejas pentecostais parecem mais identificáveis por suas crenças no falar em línguas, na cura divina e nos milagres. Ademais, elas frequentemente acreditam que a prosperidade material significa a graça e a benevolência de Deus. Várias Igrejas, portanto, pregam o que é chamado de "evangelho da prosperidade", enfatizando o direito da congregação à liberdade financeira. O diabo e outros espíritos maus ocupam um espaço igualmente crítico na teologia pentecostal. Tais Igrejas os culpam pelo infortúnio e por outras crises existenciais. Muitas delas creem que as maldições geracionais ocorrem por conta do compromisso de um familiar ascendente com uma divindade africana ou com um ancestral, entidades consideradas demoníacas por essas teologias. Livrar-se de maldições e de possessão demoníaca é uma das principais responsabilidades do ministro.

As Igrejas carismáticas apresentam estilos de culto similares aos das pentecostais. Suas teologias também têm muito em comum, tanto que os estudiosos muitas vezes se referem a essas denominações com o termo "pentecostal carismática". Os dois grupos buscam cura física, espiritual e emocional, enfatizam a glossolalia (falar em línguas) como uma manifestação do Espírito Santo dentro de uma pessoa e consideram o diabo e outros espíritos malignos responsáveis por doenças, esterilidade e pobreza. Ao contrário das Igrejas proféticas, os carismáticos desdenham qualquer coisa relacionada às religiões tradicionais. É importante notar que os carismáticos destacam-se por sua crença fervorosa na santidade. Para algumas congregações, isso envolve estilos de roupa distintos e abstinência da mídia secular.

O Islã também experimentou um rápido período de crescimento e diversificação durante o início do século XX, sobretudo devido à expansão do sufismo pelo continente, promovido por seitas sufis como Tijaniyya e Qaddriyah, que ganharam enormes seguimentos por toda a África Ocidental. O apelo popular do sufismo na África está certamente relacionado à sua capacidade de incorporar experiências que ecoam as práticas e as visões de mundo das culturas tradicionais africanas. Os sufis praticam a oração em êxtase, a dança e a música, bem como continuam a acreditar no poder dos sonhos, na cura milagrosa e na importância de líderes carismáticos. Além disso, o sufismo geralmente dá mais espaço para a vida religiosa das mulheres.

Figura 8 – A Grande Mesquita em Touba pertence à Irmandade Mouride, no norte do Senegal. Os mourides são um grupo sufi *tariqa*, uma ordem mística da África Ocidental islâmica, que foi estabelecida pelo renomado Sheikh Amadou Bamba. Mesmo que os mourides estejam, em grande parte, sediados no Senegal, sua influência é sentida entre imigrantes africanos em centros urbanos religiosos como Paris e Nova York.

Na década de 1970, novas formas de islamismo fundamentalista travaram guerra contra essas formas de Islã aclimatadas na África. Tais campanhas, porém, não tiveram sucesso em todos os lugares, como no Senegal, onde a Irmandade Mouride estava firmemente estabelecida. Os mourides seguem os ensinamentos de Amadou Bamba, um místico senegalês muçulmano do século XIX que enfatizava a importância da oração e do trabalho na vida dos fiéis. A popularidade da Irmandade Mouride levou a uma transformação significativa no Senegal. Touba, onde Bamba nasceu e o movimento começou, tornou-se uma meca local de peregrinação e é agora a segunda maior cidade do Senegal. Além disso, os mourides espalharam-se pelo mundo, em todos os lugares aos quais a diáspora senegalesa chegou. De modo mais expressivo, isso se deu no Harlem de Nova Iorque, bem como na França e na Itália, locais onde eles frequentemente trabalham como comerciantes e praticam sua própria versão muçulmana de "ética protestante".

Mais recentemente, o wahabismo, uma forma radical e literalista de islamismo fundamentalista, espalhou-se da Arábia Saudita para grande parte da África por meio de comércio, diplomacia e evangelismo. O wahabismo tem sido uma peça essencial para o processo de radicalização e militarização do envolvimento muçulmano na vida pública africana. Além disso, as formas africanas de cristianismo pentecostal e carismático têm também adquirido frequentemente um aspecto bastante agressivo. A militarização dessas duas formas fundamentalistas de religião – do cristianismo e do islamismo – teve efeitos terríveis na vida africana, contribuindo para a instabilidade política e ciclos intermináveis de violência preventiva e retributiva. O dramático conflito entre cristianismo e islamismo traz consequências para as formas nativas de religiosidade, muitas vezes para o infortúnio das religiões tradicionais.

7
RELIGIÕES AFRICANAS HOJE

O cristianismo e o islamismo estão presentes no continente africano há muitos séculos, e ambos desfrutam de grande sucesso na atualidade. Sua boa sorte tende a ser não só terrível para as religiões tradicionais mas também uma fonte de inveja e conflito entre as duas tradições. A maioria dos países africanos ganhou sua independência do domínio colonial no início da década de 1960, e, durante o período que se seguiu, os novos governos muitas vezes se esforçaram para celebrar e proteger as religiões e valores tradicionais, que eram vistos como emblemas de uma cultura unicamente africana. É provável que o ápice dessa celebração tenha sido o Festival de Cultura e Tradição Negra, realizado na Nigéria em 1977. A religiosidade tradicional forneceu o vocabulário de uma religião cívica capaz de fundamentar o patriotismo e a unificação por meio da ideologia e da experiência religiosa coletiva de muitas nações africanas. Décadas seguintes, em muitas partes do continente, assistiram a um colapso quase total não só dessas religiões tradicionais nativas mas também de sistemas sociais e culturais, tais como a família estendida, a saúde/medicina tradicionais e similares. Esse período coincidentemente corresponde à crescente adoção de formas radicais de cristianismo e islamismo, que partilham ambos a visão de que as religiões tradicionais e seus praticantes são pagãos e devem ser expulsos da sociedade. De modo paradoxal, tanto a elite africana quanto o Estado, que antes haviam celebrado essa herança cultural, agora a veem como grande obstáculo para o desenvolvimento social e econômico e para a modernização. Isso se reflete nas políticas de desenvolvimento pós-independência em vários países africanos, onde a busca por uma rápida modernização foi vista sobretudo pelo prisma da ocidentalização, que eliminou os sistemas de valores nativos e suas bases de conhecimento.

As nações africanas modernas não só julgaram inadequadas as narrativas míticas e históricas de seu próprio território, mas também as consideraram inferiores ao cristianismo europeu e ao islamismo com sua cultura do Oriente Médio. Conforme as formas radicalizadas das duas religiões abraâmicas lutam pelo controle dos princípios de governo e de vida cívica no continente, os praticantes das religiões tradicionais e de formas de cristianismo e islamismo aclimatadas à África tendem a ser apanhados no fogo cruzado, muitas vezes com consequências trágicas. Porém, as práticas religiosas africanas mantiveram sua identidade na África moderna. Além disso, durante os séculos atual e anterior, obtiveram alcance transnacional e global entre as culturas e as sociedades euro-americanas no Novo Mundo.

As religiões nativas da África contemporânea lutam para manter sua tonalidade e sua identidade regular diante das forças do islamismo e do cristianismo. Não surpreende que essa batalha contra as práticas religiosas tradicionais tenha muitas vezes as reduzido à reles condição de superstições, mágicas e fetichismo. Cristãos e muçulmanos consideram erroneamente as religiões nativas não como religiões, mas quase como meras práticas clandestinas às quais se pode recorrer como uma fonte imoral de poder. Ora, é certo que agora se vê na África um aumento de práticas e atividades pseudorrituais, que afirmam ser oriundas de religiões tradicionais, como nos rituais de assassinato de albinos relatados em certos lugares nas regiões da África Ocidental e Oriental. Da mesma forma, o aumento do culto e das atividades ocultas entre os estudantes nas universidades nigerianas é uma nítida indicação desse novo desenvolvimento.

Na República Democrática do Congo, acusações de bruxaria visam especialmente às crianças de rua (GRAM, 2011). As mudanças na estrutura social tradicional colocam-nas nessa posição vulnerável. O grande número de órfãos tem tensionado a estrutura social da família estendida, devido à guerra, às doenças e ao empobrecimento. As crianças são agora vistas como fardos e como ameaças ao bem-estar daqueles que devem cuidar delas e apoiá-las. Em consequência, as acusações de bruxaria e feitiçaria estão aumentando, como discutido no capítulo 3, e muitas Igrejas evangélicas e carismáticas têm missões especiais organizadas em torno do combate à bruxaria e da libertação de bruxas suspeitas dessa prática pecaminosa.

Embora os praticantes das religiões tradicionais tenham em muitos casos se erguido em defesa de sua fé, muitos sofrem por falta de apoio institucional, o que os deixa sem recursos para reagir e assim perturbar efetivamente o *status quo*. Em alguns casos, os adeptos das religiões tradicionais adotaram parte do vocabulário das crenças dominantes. Às vezes, eles se referem aos cristãos e muçulmanos como "descrentes", uma palavra que emprestaram dessas duas religiões mundiais e que em geral é lançada contra os tradicionalistas. Alguns deles foram educados em um modelo ocidental e, por vezes, publicam livros a respeito de suas práticas religiosas tradicionais, em uma tentativa de criar fontes que o público ocidental possa reconhecer como textos religiosos. Na cidade sagrada iorubá de Ifé, por exemplo, testemunhei certa vez no festival anual de Ifá, deus da divinação, um coral que usava vestes corais de estilo cristão.

Porém, enquanto as religiões tradicionais africanas estão engajadas em uma guerra por sua sobrevivência na África, elas e suas religiões-irmãs constituídas ao longo da experiência da diáspora africana estão prosperando em outras partes do mundo – particularmente nas Américas e na Europa. Muitas dessas religiões africanas foram criadas pelos descendentes de africanos que foram levados à força para as Américas devido ao comércio de escravizados entre os séculos XV e XIX. Ao longo dos séculos, eles desenvolveram, em muitos casos, tradições que têm amplo apelo não apenas para seus herdeiros mas também para uma ampla gama de povos negros, mestiços e brancos. Essas tradições entrelaçaram-se cada vez mais com as religiões tradicionais africanas atuais, de tal forma que muitas vezes não é mais tão simples dizer qual é qual. Os praticantes do candomblé brasileiro e da regla de ocha cubana têm extensas relações com praticantes africanos das religiões modernas iorubá, ewe e fom e continuam a se engajar em um diálogo que é ao mesmo tempo produtivo e tenso. Apesar de todos reconhecerem que, em essência, fazem parte da mesma família de práticas religiosas, normalmente percebem suas próprias práticas como as mais autênticas. Portanto, os diálogos às vezes assumiram um tom professoral, o que gerou ressentimento e, em alguns casos notáveis, resultou em um colapso completo da cooperação e da civilidade.

Mesmo assim, essas tradições estão inextricavelmente ligadas, sobretudo no terreno complicado das Américas. O Vilarejo Oyotunji, uma comunidade religiosa utópica fundada por afro-americanos (cf. CLARKE, 2004, p. 51-59), procura imitar o máximo possível uma visão idealizada da vida pré-colonial da África Ocidental. Ao combinar elementos das religiões iorubá e ewe-fon em uma prática chamada de "Òrìṣà-Vodu" (uma palavra-valise), esses afro-americanos, vivendo em um vilarejo do condado de Beaufort, Carolina do Sul, estão em contato com religiosos tradicionais africanos e com adeptos afro-americanos de religiões tradicionais da África e da diáspora africana. Em muitos aspectos, eles se veem como africanos que estão apenas vivendo nos Estados Unidos. Embora a verdade seja muito mais intrincada, é significativo que sua concepção de religião africana nas Américas seja essencialmente utópica e separatista.

Por outro lado, muitos prosélitos das religiões africanas e da diáspora africana nas Américas não poupam esforços para tornar essas práticas religiosas acessíveis ao mais amplo leque de pessoas. Uma das maiores popularizadoras das religiões afro-diaspóricas foi Luisah Teish, uma afro-americana sacerdotisa de Oxum cujos livros populares – especialmente *Jambalaya* (1988) – combinam elementos de muitas religiões da diáspora africana em um formato que enfatiza sua eficácia como ferramentas de empoderamento para mulheres de cor. Em uma linha semelhante, Malidoma Patrice Somé (1999), de Burkina Faso, fez carreira ensinando "xamanismo africano" a clientes americanos e europeus, que pagam para participar de seus frequentes retiros, aulas e oficinas. Somé enfatiza que essas técnicas ainda são relevantes no mundo moderno e que seu significado está aberto a todos, independentemente de raça, gênero ou etnia. Tanto Teish quanto Somé têm sido criticados como popularizadores que adulteraram as tradições que ensinam, mas são reverenciados por seus discípulos. Seja qual for a opinião que se tenha, o impacto que eles e outros semelhantes têm na paisagem religiosa africana e afro-diaspórica é, com certeza, irreversível e provavelmente desenha uma prévia do que está por vir.

Figura 9 – Sua Alteza Real, Obá Ẹfuntọlá Oseijeman Adélabú Adéfuńmi I, governou como obá do Vilarejo Oyotunji de 1972 a 2005. O Vilarejo Oyotunji é uma comunidade utópica que foi fundada pelo Obá Adéfuńmi I como parte dos movimentos religiosos nacionalistas do século XX. Sua população diminuiu, mas continua sendo uma presença importante nos Estados Unidos. Aqui, o obá dança a música de um orixá durante o festival anual no Condado de Beaufort, na Carolina do Sul.

Religiões da diáspora africana

Em contraste impressionante com sua situação na África continental, as religiões tradicionais africanas – ou mais precisamente religiões inspiradas nas tradições religiosas da África – continuam a ter, nas Américas, um capital cultural considerável. Na verdade, elas estão crescendo em seu número de adeptos a cada dia. As tradições da diáspora africana incluem o candomblé brasileiro, a regla de ocha (chamada, de modo menos preciso, de santeria) e palo mayombe em Cuba, o vodu haitiano, o obeah jamaicano, o Orixá Batista Espiritual de Trinidad, o "Big Drum" de Carriacou, em Granada, bem como, nos Estados Unidos, o vodu, o hodu, conjurações e *ring shouts*.

É possível falar que, apesar de muito diferentes por razões próprias, as principais tradições – o candomblé, a regla de ocha e o vodu – têm certas semelhanças. Todas elas são construídas sobre duas grandes fontes – europeia e africana –, se de fato podemos chamá-las assim. Cada uma dessas religiões é, em si mesma, um conjunto de fontes culturais que competem, em vários aspectos, pelo domínio.

Dada essa multiplicidade de fontes, não é surpreendente que as tradições da diáspora africana sejam essencialmente pluralistas, uma qualidade que continua sendo um de seus pontos mais fortes e que ajuda a explicar sua resiliência. Em muitas dessas tradições, os devotos servem a múltiplas deidades ou poderes espirituais, apesar de reconhecerem a existência e a eficácia última de um Deus Supremo. Tais divindades ou espíritos são vistos de várias maneiras: como manifestações de fenômenos naturais, como ancestrais ou como produtos de processos mito-históricos, sobretudo da criação do mundo. São também emblemas de poder, energias espirituais invocadas por seus devotos como fontes de força, cura, legitimidade política e libertação econômica. Para os descendentes do tráfico de escravizados africanos, essas religiões são reservatórios da memória cultural e corporificam formas de lembrar a escravidão.

Como os devotos das religiões tradicionais africanas, os adeptos das religiões afro-diaspóricas enfatizam a prática – a realização de rituais e cerimônias – mais do que a crença. Nessas tradições, elementos de lazer humano são exprimidos por meio de dança, música e artes decorativas.

Em muitos aspectos, essas religiões funcionam como microssociedades intercaladas com – mas distintas das – sociedades que as hospedaram. Elas estão em diálogo com esse grupo social maior, mas têm suas próprias relações de reciprocidade, distribuição de dons e intercâmbios. Nesse sentido, são economias paralelas e autossuficientes, que geram seu próprio capital – tanto econômico quanto social, simbólico, cultural e religioso. Em muitos casos, essa economia paralela constitui-se em torno de serviços, especialmente na cura de vários tipos de aflição, física e espiritual. Como em grande parte da África Ocidental, a adoção de práticas religiosas afro-diaspóricas é muitas vezes provocada pelo surgimento de doenças misteriosas, que vão de sonhos perturbadores a graves distúrbios e doenças nervosas, vistas como sintomas de um dano causado por entidades espirituais. Em certo sentido, isso marca o momento em que alguém se torna membro dessa economia paralela, separada a um passo da sociedade principal – em que os espíritos não existem nem causam aflições imateriais. Como na África, os sacerdotes e sacerdotisas desses cultos espirituais são às vezes mais eficazes na cura de doenças – particularmente os problemas mentais – do que os médicos formados no Ocidente. Os oficiantes do vodu haitiano entendem que as enfermidades físicas, emocionais e mentais às vezes resultam de um desequilíbrio na relação entre o indivíduo e os espíritos. Portanto, tais curandeiros visam restabelecer as relações corretas entre o enfermo e o divino.

Em muitas partes das Américas, essas economias paralelas, oriundas das religiões da diáspora, são tão poderosas que políticos procuram ganhar prestígio pelo contato com elas. No Brasil, mais especificamente em Salvador, Bahia, muitos dos mais famosos templos de candomblé – por exemplo, os terreiros de Ilê Axé Opô

Afonjá e Casa Branca – tornaram-se pontos de parada comuns para políticos durante suas campanhas. No Haiti, o ditador François Duvalier recrutou publicamente sacerdotes vodu como capangas e espiões e usou a imagem do Tonton Macoute (uma figura parecida com o bicho-papão do folclore haitiano) como inspiração para os trajes de sua polícia secreta. No fim de sua vida, quando se tornou mais paranoico e recluso, começou a se vestir como o Barão, mestre espiritual dos cemitérios, e teve seu escritório no Palais Nationale decorado como um túmulo sombrio. Não é certo que o próprio Duvalier fosse um praticante de Vodu, mas ele certamente compreendeu o poder de seu reservatório cultural e tentou manipulá-lo em benefício de sua própria obsessão pelo poder.

Nos Estados Unidos, a famosa "rainha vodu" Marie Laveau – cuja vida e época geraram recentemente várias obras biográficas e pseudobiográficas – é a prova de que esse poder cultural não é nada de novo. Ainda que pouco se saiba sobre as especificidades de sua vida, Marie Laveau foi uma residente de Nova Orleans do século XIX e uma mulher de cor livre. Ela ficou famosa por liderar as danças vodu na periferia da cidade. Além de seu suposto poder espiritual, diz-se que Laveau, por meio de sua alta influência social, exerceu poder sobre resultados de processos judiciais e eleições. Mesmo na morte, 200 anos depois, sua reputação é tão grande que pessoas que nunca praticaram vodu vão lhe pedir favores ao visitar seu túmulo no Cemitério de Saint Louis Número 1.

Religiões de imigrantes africanos

Distintas, mas não inteiramente separadas das religiões da diáspora africana e de seus praticantes, estão as práticas religiosas de africanos que imigraram em tempos atuais. Desde 2001, quando iniciei o Projeto Comunidades Religiosas de Imigrantes Africanos, estou envolvido no estudo da presença das tradições religiosas africanas que viajaram com esses imigrantes para o norte americano. A religião desses africanos deve ser situada dentro do contexto mais amplo do pluralismo cultural e religioso nos Estados

Unidos. Esses imigrantes, muitos dos quais acabaram de escapar de circunstâncias terríveis, de repente se veem exilados, distanciados de suas comunidades, suas línguas e seus ambientes socioculturais. Conforme sua presença nos Estados Unidos continua a crescer, começam a causar um impacto social e cultural significativo, especialmente por meio da proliferação de comunidades religiosas. O censo americano de 2003 estima que mais de um milhão de imigrantes nascidos na África residiam no país, em comparação com apenas 230 mil em 1990.

Essas comunidades representam inúmeros estilos organizacionais, denominações e inquietações sociopolíticas e contribuem cada vez mais visivelmente para a diversidade religiosa na América do Norte. A propagação mais rápida das comunidades de imigrantes africanos é encontrada em cidades que são portas de entrada do continente, como Nova York, Washington D.C., Chicago, Atlanta, Houston, Miami e Los Angeles, bem como em várias cidades e centros menores, como Lewiston e Portland, ambas no Maine, e New Brunswick em Nova Jersey. Essas comunidades representam diversas tradições de fé, que abrangem o Islã (como as mourides senegaleses na cidade de Nova York); o cristianismo hegemônico (como católicos romanos, anglicanos, luteranos); Igrejas pentecostais e Igrejas carismáticas (como a Igreja Cristã Redimida de Deus, a Igreja da Vida Profunda e as Igrejas da Montanha de Fogo); as AIC (como a Igreja do Senhor [Aladura], a Igreja Apostólica de Cristo, a Igreja Celestial de Cristo); as Igrejas etíopes em Washington, D.C. (que aparentemente merecem uma categoria separada); e as religiões tradicionais africanas.

A grande maioria dos cristãos africanos, talvez 80%, pode ser caracterizada como evangélica. Uma das características das formas africanas de evangelismo é a ênfase na necessidade de uma experiência de conversão, para "renascer" no espírito. Essa experiência geralmente não é uma nova conversão ao cristianismo, mas sim a conversão de uma denominação cristã "regular" para uma forma mais radical de religião cristã – uma experiência na qual a Bíblia é identificada como a única fonte de verdade autêntica e, além disso, deve ser interpretada literalmente. As Igrejas evangélicas africanas abraçaram a noção de que todos os seus membros são potenciais "evangelizadores", propagadores do Evangelho. Sob o pretexto de evangelizar os Estados Unidos e o resto do mundo, elas encorajam os membros a "plantar" novas Igrejas onde quer que estejam. Em geral usam a linguagem do comércio e da agricultura (semear, lavrar, trabalhar, plantar) como metáforas para a fixação de novos postos de missão. Os imigrantes cristãos africanos participam assim de "missões reversas", cujo trabalho missionário é concebido como uma resposta à necessidade de evangelização dos norte-americanos que abandonaram a fé. Em resumo, trata-se do movimento inverso à evangelização anterior dos africanos, realizada por europeus e norte-americanos nos séculos XIX e XX.

Como nas religiões da diáspora, essas comunidades religiosas de imigrantes africanos funcionam abertamente como sociedades paralelas e autossuficientes, que atendem às necessidades de seus membros. Para muitos, o imaginário comunitário deve envolver a conexão e a lembrança de uma terra natal africana. Os membros do grupo enfatizam a importância de falar sua língua, de ouvi-la sendo falada, a chance de desfrutar de iguarias específicas e a oportunidade de cantar músicas familiares de louvor. Cultos e eventos frequentemente incluem marcadores étnicos, como bandeiras e estilos de roupa, e muitas vezes se fazem referências a crenças e valores culturais (como respeito aos mais velhos), que os membros sugerem ser atributos definidores de suas comunidades.

As comunidades religiosas de imigrantes africanos criam inúmeras vias formais e informais para melhorar a vida deles, vias muitas vezes abertas tanto para seus membros quanto para não membros (orientação jurídica, assistência financeira, profissionais de aconselhamento, redes de apoio e busca de emprego). O profundo senso de confiança que permeia as relações dentro dos grupos religiosos emerge como uma parte importante de sua eficácia ao tratar das inquietações dos imigrantes relativas ao que muitas vezes seria considerado um assunto privado, tais como questões financeiras ou relações familiares. Essas comunidades dão encorajamento às pessoas engajadas em uma luta quase sempre árdua pela segurança financeira e por melhorias pessoais, e dão-lhes esperança para que sustentem seus esforços.

Um nível relevante de envolvimento político é encontrado entre muitos imigrantes africanos de primeira e segunda geração. Ainda que a ascensão de Barack Obama à fama política seja excepcional, ela é exemplar de uma tendência muito mais ampla. Encontram-se inúmeros casos de representantes políticos africanos em nível estadual e local, cuja atuação trata de questões abrangentes de cultura, identidade e cidadania. As comunidades religiosas têm cumprido um papel central na modelação dessas expressões políticas, especialmente por meio de mensagens explícitas ou implícitas transmitidas por seus líderes ou ainda por meio de reuniões informais da comunidade (como em conversas após um culto), momentos que servem como fóruns para discussão e debate político.

Embora as comunidades religiosas de imigrantes africanos busquem, em muitos aspectos, recriar a vida religiosa africana no exterior, existem também diferenças muito importantes entre esses grupos comunitários afro-americanos e seus "pais" africanos. Talvez a diferença mais notória esteja no papel das mulheres. Nas congregações religiosas norte-americanas, é comum encontrar mulheres que pressionam ativamente e ganham uma voz mais influente. Dois exemplos notáveis incluem as comunidades etíopes (tanto as pentecostais-carismáticas como as ortodoxas) e as AIC. As transformações na prática religiosa ortodoxa etíope em contexto norte-americano fizeram com que as mulheres possam agora cantar a missa, a *kidase*, e comecem a assumir papéis de liderança nas aulas dessa prática de culto. Há mais mulheres do que homens dentro da maioria das congregações da Igreja Celestial de Cristo nos Estados Unidos. Desse modo, muitas atividades da Igreja estão relacionadas às experiências das mulheres, tais como a educação dos filhos, a infertilidade e o aconselhamento conjugal.

Elas também incluem orações e práticas específicas para mulheres estéreis e grávidas.

Em algumas Igrejas pentecostais africanas nos Estados Unidos, as mulheres estão trabalhando como pastoras-chefes, algo que não é comum na África. As mulheres também estão bastante envolvidas em redes religiosas transnacionais. Lideranças femininas viajam pelo mundo todo para plantar Igrejas, apresentar sermões e realizar seminários. Ao contrário das associações étnicas, que em certos casos são dominadas por homens, a religião pode se tornar uma arena importante onde as mulheres conseguem participar de projetos sociais e econômicos em igualdade com os homens, trabalhando para beneficiar a terra natal e, com isso, ganhar *status* e influência política.

Como as comunidades religiosas visam auxiliar e orientar os imigrantes em sua integração social, o casamento e a família surgem como um fator crítico para o estudo da religião e do gênero. Nas comunidades de imigrantes africanos, um fator importante que influencia a família é o aumento das oportunidades de trabalho e renda das esposas em relação a seus maridos. Conforme as mulheres, muitas das quais ocupam cargos de boa qualificação na área de enfermagem, passam a ganhar o maior salário no lar de imigrantes africanos, aparece um certo nível de conflito entre maridos e esposas. Apesar de a relação entre emprego e autonomia social e econômica feminina ser complexa, há evidências de que o aumento de oportunidades de trabalho disponíveis para mulheres africanas elevou sua condição e fortaleceu a posição delas na tomada de decisões. Ao mesmo tempo, os homens são confrontados com a realidade de que sua participação no cuidado das crianças e no trabalho doméstico é necessária para que o lar funcione bem. Com frequência os pastores fundamentam seus sermões no paradoxo e na complexidade de viver um casamento africano nos Estados Unidos. Um ministro pentecostal pode pregar as epístolas de São Paulo que admoestam as mulheres a obedecer a seus maridos, mas pode também lembrar aos maridos africanos que "isso é viver nos Estados Unidos", onde não existem empregadas domésticas e serviçais para fazer as tarefas da casa, e por isso eles devem ajudar suas esposas a cuidarem dos negócios do lar. Por outro lado, alguns ministros cristãos imigrantes africanos focalizam o comportamento das mulheres em uma perspectiva patriarcal e bíblica da família. A Igreja desses ministros frequentemente oferece cursos específicos para as mulheres africanas, a fim de ancorá-las em uma cultura africana e patriarcal, que é considerada controversa pela grande mídia americana.

Outra questão fundamental para os imigrantes é o desejo de manter importantes tradições culturais e identidades por meios transglobais. Um indicador entre eles é um forte desejo de serem enterrados em seu país de origem. Uma mesquita islâmica de Nova York e uma Igreja cristã independente dão ênfase considerável ao fornecimento de assistência para pagar os custos de sepultamento de um membro falecido em Gana. Esses serviços de "repatriação", cujos custos são considerados de natureza coletiva, foram essenciais para os membros da comunidade imigrante nos Estados Unidos. Assim se confirma que os africanos desejam retornar à sua casa ancestral, ainda vivos ou após a morte na velhice. Isso também reitera que os africanos dão grande importância ao enterro adequado, o que requer contribuições dos amigos e comunidades religiosas do falecido.

Ao mesmo tempo que esses esforços são feitos para manter contato com a África, empenhos também são realizados para distinguir as práticas religiosas das crenças tradicionais. Em Washington, D.C., o Reverendo Aquaowo dos Ministérios Evangélicos de Cristo pronunciou-se contra o culto aos antepassados, argumentando que os cristãos não deveriam colocar os ancestrais no mesmo nível que Deus. Na instituição chamada de Ministérios do Fogo Miraculoso, o pastor Lawrence Adetunji e o Reverendo Adegbile distribuíam um folheto semanal de "pontos de oração", chamado "Quebrando a espinha dorsal da bruxaria persistente". Segundo Adegbile, o folheto era necessário para fazer com que a oração trouxesse a crença em feitiçaria de volta para a crença em Jesus. Essa forma de cristianismo entrou na arena política norte-americana durante as eleições para presidente em 2008, quando o ministro evangélico queniano Thomas Muthee, a quem Sarah Palin atribuiu seu sucesso na campanha para o governo do Alasca, foi acusado de pregar e orar contra a feitiçaria. A imprensa e os oponentes de Palin invocaram esse episódio para ferir sua campanha. Tratava-se da imagem de um padre africano fazendo uma oração africana dentro de uma Igreja pentecostal norte-americana. Essas ocorrências, no fim das contas, apontam para o domínio do cristianismo evangélico entre os imigrantes cristãos africanos e para as consequências imprevistas de sua presença atual nos Estados Unidos.

Por fim, também é possível notar uma diversidade significativa no desenvolvimento das instituições religiosas africanas como instrumentos de auxílio e apoio mútuo dentro da sociedade civil norte-americana. Cada um dos grupos de imigrantes que entrou nos Estados Unidos desenvolveu redes de sustentação para emprego, moradia e assistência jurídica. Essas redes emergiram como estruturas institucionais para alocar recursos do Estado para os grupos. Ainda que muitas dessas instituições tenham menos de 20 anos e, portanto, suas funções laicas estejam em suas primeiras fases de desenvolvimento, elas estão trabalhando para satisfazer as necessidades culturais, sociais e econômicas de suas comunidades, prestando serviços seculares a partir de centros religiosos e não religiosos. Essas instituições dedicam alguns de seus recursos e riquezas para seus membros em seus países de origem e para o apoio de suas comunidades nativas na África. Fornecem ensino de idiomas, atividades culturais e acesso a curas nativas e práticas religiosas como parte de uma identidade transglobal. Além disso, as comunidades imigrantes continuam a celebrar as etapas da vida por meio de cerimônias de nomeação. Os pais darão nome ao bebê segundo os costumes de seu grupo étnico particular. Se a família for cristã, ela também realizará ritos de batismo tal como prescrito pelos ritos de sua denominação. Já as famílias muçulmanas comemorarão a chegada da criança de acordo com a tradição islâmica. Algumas comunidades de imigrantes africanos também celebram a transição de um jovem adulto da infância à vida adulta. Os ganeses em Nova York, por exemplo, realizam a celebração acã tradicional da puberdade, organizada por mulheres, geralmente quando uma menina conclui o ensino médio e está a caminho da faculdade.

A nova onda de religiões africanas

As últimas duas décadas apresentaram inúmeros exemplos de religiões africanas que entram plenamente no cenário global, de modo irreversível. Tome-se, por exemplo, o ministério do Reverendo Sunday Adelaja em Kiev, Ucrânia. A princípio e de certo modo para seu desgosto, esse nigeriano acabou chegando à Bielorrússia (então parte da União Soviética) com uma bolsa de estudos para estudar jornalismo. Enquanto estava por lá, Adelaja ajudou a fundar uma série de Igrejas clandestinas. Deportado pela KGB por suas atividades religiosas, Adelaja foi à Ucrânia a convite de Jeff Davis, um evangelista itinerante que praticava ministério pela televisão e precisava de alguém que fosse familiarizado com o idioma e que pudesse representar seus interesses. Desde esse começo na Ucrânia como televangelista, Adelaja iniciou o processo de fundação de Igrejas. Em 1994, foi fundada a primeira Igreja Bíblica Palavra de Fé. Como resultado, a partir de seu modesto início como líder de um grupo de estudo bíblico, Adelaja tornou-se responsável pela maior Igreja da Ucrânia, com 20 mil membros em sua principal sede e 20 cultos todos os domingos em vários auditórios da capital ucraniana. Existem centenas de Igrejas afilhadas da Embaixada de Deus – atual nome da instituição – na Ucrânia, em outros países da antiga União Soviética, na Europa, nos Estados Unidos e até mesmo em Israel. Adelaja é uma das figuras públicas mais poderosas da Ucrânia e a ele se atribui, entre outras coisas, influências na eleição do prefeito de Kiev.

A história do Reverendo Adelaja é fascinante em vários níveis. Primeiro, temos sua irônica expulsão da União Soviética. A descrição que Marx faz da religião como "ópio do povo" vê-se bastante questionada pela história de Adelaja. A Rússia comunista, um regime supostamente do e para o povo, avaliou a atitude que Adelaja instigava entre os camponeses russos como uma possível uma ameaça. Esse paradoxo seria mais cômico se não fossem as circunstâncias trágicas vividas por muitas pessoas que encontraram suas vidas religiosas reprimidas sob o sistema soviético. Mas isso é de menor interesse em comparação com o fato de que o líder religioso mais dinâmico e poderoso da Ucrânia é nigeriano. A megaigreja ucraniana tem origem africana. Não seria demais afirmar que o trabalho missionário de Adelaja alterou de maneira permanente a paisagem religiosa da Europa Oriental, incutindo sensibilidades religiosas africanas em uma região que anteriormente fora um vácuo religioso.

Até mesmo a noção de uma igreja em cada esquina, que permitiu à instituição do Reverendo Adelaja implantar-se nos cantos mais distantes da terra e tem seu melhor exemplo na Igreja da Redenção, é uma ideia extraída do capitalismo contemporâneo. Trata-se do conceito de franquia – as pessoas lhe cederão seus negócios se você estiver onde elas os querem e fizer como elas os querem. É verdade que estamos falando aqui de negócios espirituais, mas os métodos e resultados são muito parecidos. Matthew Ashimolowo, que fundou o Centro Cristão Internacional Kingsway na região leste de Londres em 1992, é famoso por endossar o evangelho da prosperidade – a ideia de que o poder de Deus pode ajudar alguém a se conceber como rico. Ele proferiu sermões com nomes como "Riqueza sem Suor". Uma mensagem espiritual retirada do capitalismo conduz imediatamente o espírito para os laços do evangelho da prosperidade com os valores capitalistas globais.

Mas, se desejamos um exemplo do lado obscuro da religião africana, não precisamos buscar outro caso além daquele ocorrido com o chamado Reverendo Dr. King – conhecido também como Chukwuemeka Ezeuko –, que foi condenado à morte em janeiro de 2007 por ter encharcado de gasolina e incendiado seis membros femininos de sua congregação, o que resultou na morte de uma mulher. Isso ocorreu em meio a outras alegações de abuso e assédio sexual contra outras mulheres integrantes de sua Igreja, a Assembleia de Oração Cristã, que parece ter sido, muito simplesmente, uma seita. Seus membros, a maioria dos quais já a abandonou, pensavam que o reverendo era Jesus. Ao ser condenado à morte, King declarou: "é uma honra e, com efeito, um privilégio morrer enforcado como profeta de Deus, porque Jesus Cristo também foi enforcado". Assim, parece que, além de ser um assassino, King também carece de um sólido conhecimento da narrativa bíblica. O juiz Kayode Oyewole, que presidiu o julgamento, fez a seguinte declaração ao condená-lo à morte: "A variante demonstrada pelo acusado é um retrocesso à Idade das Trevas e um ataque aos ganhos alcançados pela humanidade nas áreas de respeito à dignidade humana, à liberdade e à autonomia". Eu acrescentaria que não se pode ignorar a ironia de Ezeuko ter retirado o nome "Reverendo Dr. King" do líder norte-americano dos direitos civis, que modelou sua vida a partir das ideias de pacifismo e não violência.

O espaço espiritual africano não é mais limitado ao continente africano. Religiosa e espiritualmente, a África absorveu todas as mensagens concorrentes e conflitantes do mundo moderno e refletiu-as de volta, com ousadia, em uma nova paisagem global. Para cada Adelaja, no entanto, há também um King. Mais perplexo é o fato de que nem sempre é óbvio saber quem é quem – quem são os beatificados e quem são os charlatães. A globalização abriu um espaço de possibilidades onde religiões lunáticas podem prosperar, onde um político – sem considerações por seu impacto futuro – encorajará seus seguidores a apedrejar os pecadores se isso lhe der ganhos nas urnas. Líderes carismáticos falsos e inescrupulosos estão por toda parte prontos para enganar, prejudicar e machucar o crédulo que procura a religião.

As práticas religiosas africanas no século XXI estão florescendo em parte devido à influência das mídias visuais e sociais.

Não é raro ouvir falar de sessões de oração *on-line* organizadas por sacerdotes no Quênia, na Nigéria e nos Estados Unidos. Essas sessões de oração criam comunidades de adoradores no ciberespaço, unidos no propósito comum de compartilhar orações fervorosas que abordam as preocupações existenciais e diárias dos devotos. Atraindo milhões de adeptos que se unem em maratonas de orações diárias, sessões semanais de louvor e adoração, convenções mensais e anuais ou reuniões de avivamento, esses novos métodos cibernéticos encorajam milhões de praticantes de todo o mundo a participar das tradições. Se o cristianismo certamente ocupa um lugar central nessa forma de religiosidade digital, as religiões nativas africanas também ocupam uma posição de destaque. Nos Estados Unidos, na Europa e na Ásia, muitos sacerdotes das tradições orixá e Ifá iorubanos criaram casas de culto que fazem uso dessas novas tecnologias para práticas devocionais. Desde o fim do século XX, as tradições religiosas africanas têm assumido uma nova identidade como religião transnacional e global.

Em um mundo de crescente globalização, do qual a África não está isenta – pois ela é frequentemente seu centro involuntário –, devemos expandir nosso foco para reconhecer as expressões religiosas em órbita e mesmo nas margens como parcela e constituinte da experiência religiosa africana em seu todo. Por certo, não devemos dizer que as práticas de vodu, candomblé, santeria e similares *são* religiões africanas em si mesmas, porque são igualmente – se não mais – aquilo que J. Lorand Matory (2005) chamou de "religiões do Atlântico Negro". Além disso, as religiões euro-americanas também se africanizaram. A Igreja dos Santos dos Últimos Dias no centro de Ifé, Nigéria, é tão africana quanto o templo divinatório Ifá na antiga colina sagrada de Oke Ìtasè, Ifé. Devemos entender tais exemplos como parte integrante de um mesmo percurso religioso e mosaico espiritual de que africanos, europeus e americanos participam com o mesmo vigor e o mesmo profundo senso de devoção. Se, em nosso mundo de identidades cada vez mais complexas e híbridas, passou a ser mais difícil dizer o que *é* religião africana, tornou-se talvez ainda mais desafiador dizer com certeza o que *não é*. Se olharmos com mais cuidado, encontraremos manifestações dela em todos os lugares.

REFERÊNCIAS

Prefácio

BA, D. Africans Still Seething Over Sarkozy Speech. *Reuters*, 5 set. 2007. Disponível em: http://uk.reuters.com/article/2007/09/05/uk-africa-sarkozyidUKL0513034620070905.

CONRAD, J. *Heart of Darkness*. Richmond: Oneworld Classics, 2009.

ELIADE, M. *The Myth of Eternal Return*: Cosmos and History. Princeton: Princeton University Press, 2005.

PLATVOET, J.; COX, J.; OLUPỌNA, J. (ed.). *The Study of Religions in Africa*: Past, Present and Prospects. Cambridge: Roots and Branches, 1996.

Capítulo 1

ELIADE, M. *The Myth of the Eternal Return*: Cosmos and History. Tradução de Willard R. Trask. Princeton: Princeton University Press, 2005.

FORD, C. W. *The Hero with an African Face*: Mythic Wisdom of Traditional Africa. Nova York: Bantam, 1999.

FU-KIAU, K. K. B. *African Cosmology of the Bântu-Kôngo*: Tying the Spiritual Knot-Principles for Life and Living. 2. ed. Brooklyn: Athelia Henrietta Press, 2001.

JACKSON, M. D. *Minima Ethnographica*: Intersubjectivity and the Anthropological Project. Chicago: University of Chicago Press, 1998.

MALKKI, L. *Purity and Exile*: Violence, Memory, and National Cosmology Among Hutu Refugees in Tanzania. Chicago: University of Chicago Press, 1995.

TURNER, V. W. *The Drums of Affliction*: A Study of Religious Processes Among the Ndembu of Zambia. Londres: International African Institute, 1968.

Capítulo 2

AARNI, T. *The Kalunga Concept in Ovambo Religion from 1870 Onwards*. Estocolmo: Universidade de Estocolmo: Almquist and Wiksell, 1982.

ALLMAN, J.; PARKER, J. *Tongnaab*: The History of a West African God. Bloomington: Indiana University Press, 2005.

DRIBERG, J. H. *The Lango*: A Nilotic Tribe of Uganda. Londres: T. F. Unwin, 1923.

GOTTLIEB, A. *The Afterlife Is Where We Come From*: The Culture of Infancy in West Africa. Chicago: University of Chicago Press, 2004.

MAcGAFFEY, W. *Kongo Political Culture*: The Conceptual Challenge of the Particular. Bloomington: Indiana University Press, 2000.

SETILOANE, G. M. *The Image of God among the Sotho-Tswana*. Roterdã: Balkema, 1976.

Capítulo 3

AUSTEN, R. A. The Moral Economy of Witchcraft: An Essay in Comparative History. *In*: COMAROFF, J.; COMAROFF, J. L. (ed.). *Modernity and Its Malcontents*: Ritual and Power in Postcolonial Africa. Chicago: University of Chicago Press, 1993. p. 89-110.

BATTLE, V. N. *Mami Wata in Saced Mode*: Epistemological Concerns in the Study of an African God/dess. 2010. Dissertação (Mestrado em Teologia) – Harvard Divinity School, Cambridge, 2010.

DANFULANI, U. H. D. *Pa* Divination: Ritual Performance and Symobolism among the Ngas, Mupun, and Mwaghavul of the Jos Plateau, Nigeria. *In*: OLUPỌNA, J. K. (ed.). *African Spirituality*: Forms, Meanings, and Expressions. Nova York: Crossroad Publishing, 2000, p. 87-111.

DEVISCH, R. Yaka Divination: Acting out the Memory of Society's Life-Spring. *In*: WINKELMAN, M.; PEEK, P. M. (ed.). *Divination and Healing*: Potent Vision. Tucson: University of Arizona Press, 2004, p. 243-263.

FRATKIN, E. The Laibon Diviner and the Healer among Samburu Pastoralists of Kenya. *In*: WINKELMAN, M.; PEEK, P. M. (ed.). *Divination and Healing*: Potent Vision. Tucson: University of Arizona Press, 2004, p. 207-226.

GBENDA, J. S. Witchcraft as a Double-Edged Sword in Tiv Traditional Society. *Aquinas Journal*, vol. 1, n. 1, p. 89-98, 2008.

HAMMOND-TOOKE, W. D. *Boundaries and Belief*: The Structure of a Sotho Worldview. Joanesburgo: Witwatersrand University Press, 1981.

JANZEN, J. M.; MAcGAFFEY, W. *An Anthology of Kongo Religion*: Primary Texts from Lower Zaïre. Lawrence: University of Kansas, 1974.

LANGE, W. *Dialectics of Divine "Kingship" in the Kafa Highlands*. Los Angeles: African Studies Center, Universidade da California, 1976.

LYONS, D. Witchcraft, Gender, Power and Intimate Relations in Mura Compounds in Déla, Northern Cameroon. *World Archeology*, vol. 29, n. 3, p. 344-362, 1998.

NIEHAUS, I. A. Witch-hunting & Political Legitimacy: Continuity and Change in Green Valley, Lebowa. *Africa*, vol. 63, n. 4, p. 498-530, 1993.

STROEKEN, K. Stalking the Stalker: A Chwezi Initiation into Spirit Possession and Experiential Structure. *Journal of the Royal Anthropological Institute (N.S.)*, vol. 12, p. 785-802, 2006.

SUSSMAN, R. W.; SUSSMAN, L. K. Divination among the Sakalava of Madagascar. *In*: LONG, J. K. (ed.). *Extrasensory Ecology*: Parapsychology and Anthropology. Metuchen: Scarecrow Press, 1977, p. 271-291.

TCHERKÉZOFF, S. *Dual Classification Reconsidered*: Nyamwezi Sacred Kingship and Other Examples. Tradução de Martin Thom. Cambridge: Cambridge University Press, 1987.

TURNER, V. W. *The Lozi People of North-Western Rhodesia*. Londres: International African Institute, 1952.

VAN BINSBERGEN, W. Regional and Historical Connections of Four-Tablet Divination in Southern Africa. *Journal of Religion in Africa*, vol. 25, n. 1, p. 2-29, 1996.

WHYTE, S. R. Knowledge and Power in Nyole Divination. *In*: PEEK, P. M. (ed.). *African Divination Systems*: Ways of Knowing. Bloomington: Indiana University Press, 1991, p. 153-171.

Capítulo 4

AGUILAR, M. I. *The Politics of God in East Africa*: Oromo Ritual and Religion. Trenton: Red Sea Press, 2009.

AKINYEYE, Y. Iden Festival: Historical Reconstruction from Ceremonial Reenactment. *In*: FALOLA, T.; GENOVA, A. (ed.). *Orisa*: Yoruba Gods and Spiritual Identity in Africa and the Diaspora. Trenton: Africa World Press, 2006, p. 87-102.

BÁDÉJO, D. L. *Osun Seegesi*: The Elegant Deity of Wealth, Power, and Femininity. Trenton: Africa World Press, 1996.

BEATTIE, J. H. M. Nyoro Mortuary Rites. *Uganda Journal*, vol. 25, n. 2, p. 171-183, 1961.

BELL, C. *Ritual*: Perspectives and Dimensions. Nova York: Oxford University Press, 1997.

KOHLER, M.; WARMELO, N. J. V. *Marriage Customs in Southern Natal*. Pretória: Government Printer, 1933.

LANGLEY, M. S. *The Nandi of Kenya*: Life Crisis in a Period of Change. Nova York: St. Martin's Press, 1979.

LAWSON, E. T. The Zulu and Their Religious Tradition. *In*: EARHART, H. B. (ed.). *Religious Traditions of the World*: a Journey Through Africa, North America, Mesoamerica, Judaism, Christianity, Islam, Hinduism, Buddhism, China, and Japan. São Francisco: HarperSanFrancisco, 1993.

MARSHALL, L. J. *Nyae Nyae!* Kung Beliefs and Rites. Cambridge: Peabody Museum de Harvard, Universidade Harvard, 1999.

McALLISTER, P. A. *Xhosa Beer Drinking Rituals*: Power, Practice and Performance in the South African Rural Periphery. Durham: Carolina Academic Press, 2006.

SANDERS, T. *Beyond Bodies*: Rainmaking and Sense Making in Tanzania. Toronto: University of Toronto Press, 2008.

STEEGSTRA, M. *Resilient Rituals*: Krobo Initiation and the Politics of Culture in Ghana. Münster: Lit, 2004.

VAN BREUGEL, J. W. M. *Chewa Traditional Religion*. Blantire: Christian Literature Association in Malawi, 2001.

Capítulo 5

BOONE, S. *Radiance from the Waters*: Ideals of Feminine Beauty in Mende Art. New Haven: Yale University Press, 1986.

BRETT-SMITH, S. The Poisonous Child. *RES: Anthropology and Aesthetic*, vol. 6, p. 47-64, 1983.

DREWAL, H. J.; DREWAL, M. T. *Gelede*: Art and Female Power among the Yoruba. Bloomington: Indiana University Press, 1990.

GEARY, C. Bamum Thrones and Stools. *African Arts*, vol. 14, n. 4, p. 32-43, 87-88, 1981.

KRAMER, F. *The Red Fez*: Art and Spirit Possession and Africa. Tradução de Malcolm Green. Londres: Verso, 1993.

NUNLEY, J. W. West African Sculpture: Sacred Space, Spirit, and Power. *Bulletin (St. Louis Art Museum)*, vol. 16, n. 4, p. 1-41, 1983.

PEEK, P. M. The Power of Words in African Verbal Arts. *Journal of American Folklore*, vol. 94, n. 371, p. 19-43, 1981.

PHILLIPS, R. B. *Representing Woman*: Sande Masquerades of the Mende of Sierra Leone. Los Angeles: UCLA Fowler Museum of Cultural History, 1995.

RAY, B. C. *African Religions*: Symbol, Ritual, and Community. 2. ed. Upper Saddle River: Prentice Hall, 2000.

SIEBER, R.; WALKER, R. A. *African Art in the Cycle of Life*. Washington: National Museum of African Art, Smithsonian Institution Press, 1988.

VAN WYK, G. Illuminated Signs. Style and Meaning in the Beadwork of the Xhosa- and Zulu Speaking Peoples. *African Arts*, vol. 36, n. 3, p. 12-94, 2003.

VISONÀ, M. B.; POYNOR, R.; COLE, H. M. *History of Art in Africa*. Nova York: Abrams, 2001.

WILLETT, F. *Ife in the History of West African Sculpture*. Nova York: McGraw-Hill, 1967.

WINKELMAN, M.; PEEK, P. M. (ed.). *Divination and Healing*: Potent Vision. Tucson: University of Arizona Press, 2004.

Capítulo 6

AFOLAYAN, F. Civilizations of the Upper Nile and North Africa. *In*: FALOLA, T. (ed.). *Africa vol. 1*: African History before 1885. Durham: Carolina Academic Press, 2000, p. 73-110.

ANDERSON, W. B.; KALU, O. U. Christianity in Sudan and Ethiopia. In: KALU. O. U. (ed.). *African Christianity*: An African Story. Trenton: Africa World Press, 2007, p. 66-99.

ASAMOAH-GYADU, J. K. Mission to "Set the Captives Free": Healing, Deliverance, and Generational Curses in Ghanaian Pentecostalism. *International Review of Missions*, vol. 93, n. 370-371, p. 389-406, 2004.

BERLIN, I. *Many Thousands Gone*: The First Two Centuries of Slavery in North America. Cambridge: Belknap Press, 1998.

BRAVMANN, R. A. Islamic Art and Material Culture in Africa. *In*: LEVTZION, N.; POUWELS, R. L. (ed.). *The History of Islam in Africa*. Atenas: Ohio University Press, 2000, p. 489-518.

EL FASI, M.; HRBEK, I. Stages in the Development of Islam and Its Dissemination in Africa. *In*: EL FASI, M.; HRBEK, I. (ed.). *General History of Africa 3*: Africa from the Seventh to the Eleventh Century. Berkeley: University of California Press, UNESCO, 1988, p. 57-91.

FINNERAN, N. *The Archaeology of Christianity in Africa*. Charleston: Tempus, 2002.

HEYWOOD, L. M.; THORNTON, J. K. *Central Africans, Atlantic Creoles, and the Foundation of the Americas, 1585-1660*. Cambridge: Cambridge University Press, 2007.

ISSAC, E. *The Ethiopian Orthodox Tawahido Church*. Trenton: Africa World Press/Red Sea Press, 2012.

Capítulo 7

BROWN, K. M. Afro-Caribbean Spirituality: A Haitian Case Study. In: SULLIVAN, L. E. (ed.). *Healing and Restoring*: Health and Medicine in the World's Religions Traditions. Nova York: Collier MacMillan, 1989.

Citação de Jacob Olupọna declarada em: FARGEN, J. Palin "Witchcraft" Flap All Smoke, No Fire. *Boston Herald*, 26 set. 2008, sec. 5.

CLARKE, K. M. *Mapping Yorùbá Networks*: Power and Agency in the Making of Transnational Communities. Durham: Duke University Press, 2004.

COURT Sentences Rev. King to Death by Hanging. Disponível em: www.gamji.com.

GRAM, D. M. *Child Witches and Witch Hunt*: New Images of the Occult in the Democratic Republic of Congo. 2011. (Monografia) – Harvard University, Cambridge, 2011.

MATORY, J. L. *Black Atlantic Religion*: Tradition, Transnationalism, and Matriarchy in the Afro-Brazilian Candomblé. Princeton: Princeton University Press, 2005.

MINISTER Information, Pastor Sunday Adelaja, It is Easy Ministries. Disponível em: www.it-iseasy.org/contact/friends/sunday.php.

OLUPỌNA, J. K. On Africa, a Need for Nuance. *Harvard Divinity Bulletin*, vol. 35, n. 4, 2007.

PEEK, L. Prosperity Is the Promise of God. *Times Online (Inglaterra)*, 16 de março de 2003. Disponível em: http://www.thetimes.co.uk/tto/news/uk/article1907850.ece.

PREACHER to Hang for Sin Burnings. *British Broadcasting Corporation Online*, 11 jan. 2007. Disponível em: http://news.bbc.co.uk/2/hi/africa/6252463.stm.

SOMÉ, M. P. *The Healing Wisdom of Africa*: Finding Life Purpose through Nature, Ritual, and Community. Londres: Thorsons, 1999.

TIESH, L. *Jambalaya*: The Natural Woman's Book of Personal Charms and Practical Rituals. São Francisco: Harper & Row, 1988.

Leituras complementares

ABDULLAH, Z. *Black Mecca*: The African Muslims of Harlem. Oxford: Oxford University Press, 2010.

ABIODUN, R. *"What Follows Six Is More than Seven"*: Understanding African Art. Londres: British Museum Department of Ethnography, 1995.

AFOLAYAN, F. Civilizations of the Upper Nile and North Africa. *In*: FALOLA, T. (ed.). *Africa vol. 1*: African History before 1885. Durham: Carolina Academic Press, 2000, vol. 1, p. 73-110.

AFRICA, West. *In*: BURGESS, S. M.; VAN DER MAAS, E. M. (ed.). *New International Dictionary of Pentecostal and Charismatic Movements*. Grand Rapids: Zondervan, 2002, p. 11-21.

AFRICAN religions. *In*: GORING, R. (ed.). *Wordsworth Dictionary of Beliefs and Religions*. Herefordshire: Wordsworth Reference, 1992, p. 7-8.

AGUILAR, M. I. *The Politics of God in East Africa*: Oromo Ritual and Religion. Trenton: Red Sea Press, 2009.

AKINYEYE, Y. Iden Festival: Historical Reconstruction from Ceremonial Reenactment. *In*: FALOLA, T.; GENOVA, A. (ed.). *Orisa*: Yoruba Gods and Spiritual Identity in Africa and the Diaspora. Trenton: Africa World Press, 2006, p. 87-102.

ALLMAN, J.; PARKER, J. *Tongnaab*: The History of a West African God. Bloomington: Indiana University Press, 2005.

ANDERSON, W. B.; KALU, O. U. Christianity in Sudan and Ethiopia. *In*: KALU, O. U. (ed.). *African Christianity*: An African Story. Trenton: Africa World Press, 2007, p. 67-101.

APTER, A. *Beyond Words*: Discourse and Critical Agency in Africa. Chicago: University of Chicago Press, 2007.

ARDNER, E. *Kingdom on Mount Cameroon*: Studies in the History of the Cameroon Coast 1500-1970. Providence: Berghahn, 1996.

AROHUNMOLASE, L. O. Spirit Possession in the Egba Festival. *In*: FALOLA, T.; GENOVA, A. (ed.). *Orisa*: Yoruba Gods and Spiritual Identity in Africa and the Diaspora. Trenton: Africa World Press, 2006, p. 103-112.

ASAMOAH-GYADU, J. K. Mission to "Set the Captives Free": Healing, Deliverance, and Generational Curses in Ghanaian Pentecostalism. *International Review of Missions*, vol. 93, n. 370-371, p. 389-406, 2004.

AUSTEN, R. A. The Moral Economy of Witchcraft: An Essay in Comparative History. *In*: COMAROFF, J.; COMAROFF, J. L. (ed.). *Modernity and Its Malcontents*: Ritual and Power in Postcolonial Africa. Chicago: University of Chicago Press, 1993, p. 89-110.

BA, D. Africans Still Seething over Sarkozy Speech. *Reuters*, 5 set. 2007. Disponível em: http://uk.reuters.com/article/2007/09/05/uk-africa-sarkozy-idUKL0513034620070905.

BADEJO, D. L. *Osun Seegesi*: The Elegant Deity of Wealth, Power, and Femininity. Trenton: Africa World Press, 1996.

BARNES, C. Ibadis. *In*: MERI. J. W. (ed.). *Medieval Islamic Civilization*: An Encylopedia. Nova York: Routledge, 2006, p. 341-342.

BATTLE, V. N. *Mami Wata in Saced Mode*: Epistemological Concerns in the Study of an African God/dess. 2010. Dissertação (Mestrado em Teologia) – Harvard Divinity School, Cambridge, 2010.

BEATTIE, J. H. M. *Bunyoro*: an African Kingdom. Nova York: Holt, 1960.

BEATTIE, J. H. M. *Understanding an African Kingdom*: Bunyoro. Nova York: Holt, Reinhart, and Winston, 1965.

BELL, C. *Ritual*: Perspectives and Dimensions. Nova York: Oxford University Press, 1997.

BERLIN, I. *Many Thousands Gone*: The First Two Centuries of *Slavery* in North America. Cambridge: Belknap Press, 1998.

BERNS, M. C. Ga'anda Scarification: A Model for Art and Identity. *In*: RUBIN, A. (ed.). *Marks of Civilization: Artistic Transformations of the Human Body*. Los Angeles: Museum of Cultural History, University of California, 1988, p. 57-76.

BONGMBA, E. K. *The Wiley-Blackwell Companion to African Religions*. Altrium: John Wiley & Sons, 2012.

BOONE, S. *Radiance from the Waters*: Ideals of Feminine Beauty in Mende Art. New Haven: Yale University Press, 1986.

BOURGEOIS, A. P. *Art of the Yaka and Suku.* Mendon: A. & F. Chaffin, 1984.

BRADBURY, R. E. *The Benin Kingdom and the Edo-speaking Peoples of South-Western Nigeria*. Londres: International African Institute, 1957 (Ethnographic Survey of Africa Series Western Africa, 13).

BRAVMANN, R. A. *African Islam*. Washington: Smithsonian Institution Press, 1983.

BRAVMANN, R. A. Islamic Art and Material Culture in Africa. *In*: LEVTZION, N.; POUWELS, R. L. (ed.). *The History of Islam in Africa*. Atenas: Ohio University Press, 2000, p. 489-518.

BRETT-SMITH, S. The Poisonous Child. *RES: Anthropology and Aesthetics*, n. 6, p. 47-64, 1983.

BROWN, K. M. Afro-Caribbean Spirituality: A Haitian Case Study. *In*: SULLIVAN, L. E. (ed.). *Healing and Restoring*: Health and Medicine in the World's Religions Traditions. Nova York: Collier Macmillan, 1989, p. 255-85.

CLARKE, K. M. *Mapping Yoruba Networks*: Power and Agency in the Making of Transnational Communities. Durham: Duke University Press, 2004.

DANFULANI, U. H. D. *Pa* Divination: Ritual Performance and Symobolism among the Ngas, Mupun, and Mwaghavul of the Jos Plateau, Nigeria. *In*: OLUPONA, J. K. (ed.). *African Spirituality*: Forms, Meanings, and Expressions. Nova York: Crossroad Publishing, 2000, p. 87-111.

DEVISCH, R. Yaka Divination: Acting out the Memory of Society's Life-Spring. *In*: WINKELMAN, M.; PEEK, P. M. (ed.). *Divination and Healing*: Potent Vision. Tucson: University of Arizona Press, 2004, p. 243-263.

DREWAL, H. J.; DREWAL, M. T. *Gelede*: Art and Female Power among the Yoruba. Bloomington: Indiana University Press, 1990.

DRIBERG, J. H. *The Lango*: a Nilotic Tribe of Uganda. Londres: T. F. Unwin, 1923.

DUNDAS, C. *Kilimanjaro and Its People*: A History of the Wachagga, Their Laws, Customs, and Legends, Together with Some Account of the Highest Mountain in Africa. Londres: H. F. & G. Witherby, 1924.

DUPRÉ, W. *Religion in Primitive Cultures*: A Study in Ethnophilosophy. The Hague: Mouton, 1975 (Religion and Reason, 9).

EBONG, I. A. The Aesthetics of Ugliness in Ibibio Dramatic Arts. *African Studies Review*, vol. 38, n. 3, p. 43-59, 1995.

EGLASH, R. Bamana Sand Divination: Recursion in Ethnomathematics. *American Anthropologist*, vol. 99, n. 1, p. 112-122, 1997.

EL FASI, M.; I. HRBEK, I. Stages in the Development of Islam and Its Dissemination in Africa. *In*: EL FASI, M.; I. HRBEK, I. (ed.). *General History of Africa vol. 3*: Africa from the Seventh to the Eleventh Century. Londres: Berkeley, 1988, p. 57-91.

ELIADE, M. *The Myth of Eternal Return*: Cosmos and History. Tradução de Willard R. Trask. Princeton: Princeton University Press, 1971 (Bollingen Series, 46).

ELLIS, S.; HAAR, G. T. *Worlds of Power*: Religious Thought and Political Practice in Africa. Londres: Hurst, 2004.

EPHIRIM-DONKOR, A. *African Spirituality*: On Becoming Ancestors. Trenton: Africa World Press, 1997.

FARGEN, J. Palin "Witchcraft" Flap All Smoke, No Fire. *Boston Herald*, p. 5, 26 set. 2008.

FORD, C. W. *The Hero with an African Face*: Mythic Wisdom of Traditional Africa. Nova York: Bantam, 1999.

FRATKIN, E. The Laibon Diviner and the Healer among Samburu Pastoralists of Kenya. *In*: WINKELMAN, M.; PEEK, P. M. (ed.). *Divination and Healing*: Potent Vision. Tucson: University of Arizona Press, 2004, p. 207-226.

FRIEDSON, S. M. *Remains of Ritual*: Northern Gods in a Southern Land. Chicago: University of Chicago Press, 2009.

FU-KIAU, K. K. B. *African Cosmology of the Bântu-Kôngo*: Tying the Spiritual Knot-Principles of Life and Living. 2. ed. Brooklyn: Athelia Henrietta Press, Publicando em nome de Orunmila, 2001.

GBENDA, J. S. Witchcraft as a Double-Edged Sword in Tiv Traditional Society. *Aquinas Journal*, vol. 1, n. 1, p. 89-98, 2008.

GEARY, C. Bamum Thrones and Stools. *African Arts*, vol. 14, n. 4, p. 32-43, 87-88, 1981.

GERMAN Discovers Atlantis in Africa: Leo Frobenius Says Find of Bronze Poseidon Fixes Lost Continent's Place. *New York Times*, 30 jan. 1911.

GILBERT, M. Akan Terracotta Heads: Gods or Ancestors? *African Arts*, vol. 22, n. 4, p. 34-43, 85-66, 1989.

GLASSE, C. *The New Encyclopedia of Islam*. 3. ed. Lanham: Rowman & Littlefield, 2008.

GLAZE, A. J. Call and Response: A Senufo Female Caryatid Drum. *Art Institute of Chicago Museum Studies*, vol. 19, n. 2, p. 118-133, 196-198, 1980.

GOTTLIEB, A. *The Afterlife Is Where We Come From*: The Culture of Infancy in West Africa. Chicago: University of Chicago Press, 2004.

GRAM, D. Child Witches and Witch Hunt: New Images of the Occult in the Democratic Republic of Congo. 2011. Monografia (BA Honors) – Universidade Harvard, Cambridge, 2011.

GREEN, D. *Gender Violence in Africa*: African Women's Responses. Nova York: St. Martin's, 1999.

GRIAULE, M. *Conversations with Ogotemêli*: An Introduction to Dogon Religious Ideas. Londres: Publicado para o International African Institute por Oxford University Press, 1965.

HALLEN, B.; SODIPO, J. O. *Knowledge Belief & Witchcraft*: Analytic Experiments in African Philosophy. Londres: Ethnographica, 1986.

HAMMOND-TOOKE, W. D. *Boundaries and Belief*: The Structure of a Sotho Worldview. Joanesburgo: Witwatersrand University Press, 1981.

HEYWOOD, L. M.; THORNTON, J. K. *Central Africans, Atlantic Creoles, and the Foundation of the Americas, 1585-1660*. Cambridge: Cambridge University Press, 2007.

HODGSON, J. *The God of the Xhosa*: A Study of the Origins and Development of the Traditional Concepts of the Supreme Being. Cidade do Cabo: Oxford University Press, 1982.

HOMBERGER, L. Where the Mouse Is Omniscient: The Mouse Oracle among the Guro. *In*: PEMBERTON III, J. (ed.). *Insight and*

Artistry in African Divination. Washington: Smithsonian Institution, 2000, p. 157-167.

HUCKS, T. *Yoruba Traditions and African American Religious Nationalism*. Albuquerque: University of New Mexico Press, 2013.

ISICHEI, E. *A History of Christianity in Africa*: From Antiquity to the Present. Grand Rapids: Eerdmans, 1995.

ISICHEI, E. *A History of Nigeria*. Londres: Longman, 1983.

JACKSON, M. D. *Minima Ethnographica*: Intersubjectivity and the Anthropological Project. Chicago: University of Chicago Press, 1998.

JALOBO, J. N. *Rituals of Religious Worship among the Traditional Alur*. Gulu: Jalobo Jacan Ngomlokojo, 1985.

JANZEN, J. M.; MAcGAFFEY, W. *An Anthology of Kongo Religion*: Primary Texts from Lower Zaïre. Lawrence: University of Kansas, 1974.

KALU, O. U. *African Pentecostalism*: An Introduction. Oxford: Oxford University Press, 2008.

KING, N. Q. *African Cosmos*: An Introduction to Religion in Africa. Belmont: Wadsworth Publishing Company, 1986.

KIPURY, N. *Oral Literature of the Maasai*. Nairobi: Heinemann Educational Books, 1983.

KNAPPERT, J. *Bantu Myths and Other Tales*: Collected and Translated from the Bantu. Leiden: E. J. Brill, 1977.

KNAPPERT, J. *Namibia*: Land and Peoples, Myths and Fables. Leiden: E.J. Brill, 1981.

KOHLER, M. *Marriage Customs in Southern Natal*. Editado por N. J. van Warmelo. Pretoria: Government Printer, 1933.

KRAMER, F. *The Red Fez*: Art and Spirit Possession and Africa. Tradução de Malcolm Green. Londres: Verso, 1993.

LANGE, W. *Dialectics of Divine "Kingship" in the Kafa Highlands*. Los Angeles: African Studies Center, Universidade da California, 1976.

LANGELY, M. S. *The Nandi of Kenya*: Life Crisis Rituals in a Period of Change. Nova York: St. Martin's, 1979.

LARSON, P. M. Austronesian Mortuary Ritual in History: Transformations of Secondary Burial (Famadihana) in Highland Madagascar. *Ethnohistory*, vol. 48, n. 1-2, p. 123-155, 2001.

LAWSON, E. T. The Zulu and Their Religious Tradition. In: EARHART, H. B. (ed.). *Religious Traditions of the World*: A Journey Through Africa, North America, Mesoamerica, Judaism, Christianity, Islam, Hinduism, Buddhism, China, and Japan. São Francisco: HarperSanFrancisco, 1993. p. 29-58.

LEIB, E.; ROMANO, R. Reign of the Leopard: Ngbe Ritual. *African Arts*, vol. 18, n. 1, p. 48-57, 94-96, 1984.

LEWIS, J. M. *Why Ostriches Don't Fly and Other Tales from the African Bush*. Englewood: Libraries Unlimited, 1997.

LLOYD, P. C. Sacred Kingship and Government among the Yoruba. *In*: TURNBULL, C. M. (ed.). *Africa and Change*. Turnbull: Knopf, 1973, p. 289-309.

LYONS, D. Witchcraft, Gender, Power and Intimate Relations in Mura Compounds in Déla, Northern Cameroon. *World Archeology*, vol. 29, n. 3, p. 344-362, 1998.

MAcGAFFEY, W. Complexity, Astonishment, and Power: the Visual Vocabulary of Kongo Minkisi. *Journal of Southern African Studies*, vol. 14, n. 2, p. 188-203, 1988.

MAcGAFFEY, W. *Kongo Political Culture*: The Conceptual Challenge of the Particular. Bloomington: Indiana University Press, 2000.

MAcGAFFEY, W. *Religion and Society in Central Africa*: The BaKongo of Lower Zaire. Chicago: University of Chicago Press, 1986.

MAcGAFFEY, W. The Personhood of Ritual Objects: Kongo "Minkisi". *Ethnofoor*, n. 3.1, p. 45-61, 1990.

MARSHALL, L. J. *Nyae Nyae!* Kung Beliefs and Rites. Cambridge: Peabody Museum de Harvard, Universidade Harvard, 1999.

MATORY, J. L. *Black Atlantic Religion*: Tradition, Transnationalism, and Matriarchy in the Afro-Brazilian Candomblé. Princeton: Princeton University Press, 2005.

McALLISTER, P. A. *Xhosa Beer Drinking Rituals*: Power, Practice and Performance in the South African Rural Periphery. Durham: Carolina Academic Press, 2006.

METUH, E. I. *Comparative Studies of African Traditional Religions*. Onitsha: IMICO Publishers, 1987.

MULLER, C. A. *Rituals of Fertility and the Sacrifice of Desire*: Nazarite Women's Performance in South Africa. Chicago: University of Chicago Press, 1999.

MWAURA, P. N. The Role of Charismatic Christianity in Reshaping the Religious Scene in Africa: The Case of Kenya. *In*: ADOGAME, A.; GERLOFF, R.; HOCK, K. (ed.). *Christianity in Africa and the African Diaspora*: The Appropriation of a Scattered Heritage. Londres: Continuum, 2008, p. 180-192.

MYTHOLOGY of Black Africa. *In*: *New Larousse Encyclopedia of Mythology*. Nova Edição. Londres: Hamlyn Publishing Group, 1968.

NIEHAUS, I. A. Witch-hunting & Political Legitimacy: Continuity and Change in Green Valley, Lebowa. *Africa*, vol. 63, n. 4, p. 498-530, 1993.

NORTHCOTT, C. *Robert Moffat*: Pioneer in Africa 1817-1870. Londres: Lutterworth, 1961.

NUNLEY, J. W. West African Sculpture: Sacred Space, Spirit, and Power. *Bulletin (St. Louis Art Museum)*, vol. 16, n. 4, p. 1-41, 1983.

OCHOLLA-AYAYO, A. B. C. *Traditional Ideology and Ethics among the Southern Luo*. Uppsala: Scandinavian Institute of African Studies; Almquist & Wiksell international, distr., 1976.

OLUPQNA, J. K. African Indigenous Religions. *In*: NEUSNER, J. (ed.). *Introduction to World Religions*: Communities and Cultures. Nashville: Abingdon Press, 2010, p. 291-308.

OLUPQNA, J. K. African Religion. *In*: JUERGENSMEYER, M. (ed.). *Global Religions*: An Introduction. Oxford: Oxford University Press, 2003, p. 78-86.

OLUPQNA, J. K. African Traditional Religions. *In*: RIGGS, T. (ed.). *Worldmark Encyclopedia of Religious Practices vol. 1*: Religions and Denominations. Detroit: Thomas Gale, 2006, p. 1-21.

OLUPQNA, J. K. Owner of the Day and Regulator of the Universe: Ifa Divination and Healing among the Yoruba of Southwestern Nigeria. *In*: WINKELMAN, M.; PEEK, P. M. (ed.). *Divination and Healing*: Potent Vision. Tucson: University of Arizona Press, 2004, p. 103-117.

OLUPQNA, J. K. Sacred Cosmos: An Ethnography of African Indigenous Religious Traditions. *In*: WIMBUSH, V. L. (ed.). *African*

Americans and the Bible: Sacred Texts and Social Textures. Nova York: Continuum, 2000, p. 163-178.

OLUPONA, J. K. To Praise and to Reprimand: Ancestors and Spirituality in African Society and Culture. *In*: FRIESEN, S. J. (ed.). *Ancestors in Post-Contact Religion*: Roots, Ruptures, and Modernity's Memory. Cambridge: Distribuído por Harvard University Press para o Centro de Estudos das Religiões do Mundo, Harvard Divinity School, 2001, p. 49-66.

OLUPONA, J. K. Yoruba Goddesses and Sovereignty in Southwestern Nigeria. *In*: BENARD, E.; MOON, B. (ed.). *Goddesses Who Rule*. Oxford: Oxford University Press, 2000, p. 119-132.

OLUPONA, J. K.; AJIBADE, S. Ekun Iyawo: Bridal Tears in Marriage Rites of Passage among the Oyo-Yoruba of Nigeria. *In*: PATTON, C. P.; HAWLEY, J. S. (ed.). *Holy Tears*: Weeping in the Religious Imagination. Princeton: Princeton University Press, 2005, p. 165-177.

PARFITT, T. *Journey to the Vanished City*: The Search for the Lost Tribe of Israel. Londres: Phoenix, 1992, 1997.

PARRINDER, G. *African Mythology*. Londres: Hamlyn, 1967.

PEEK, L. Prosperity Is the Promise of God. *Times Online*, 16 mar. 2003.

PEEK, P. M. (ed.). *African Divination Systems*: Ways of Knowing. Bloomington: Indiana University Press, 1991.

PEEK, P. M. The Power of Words in African Verbal Arts. *Journal of American Folklore*, vol. 94, n. 371, 19-43, 1981.

PEMBERTON, J. III; AFOLAYAN, F. S. *Yoruba Sacred Kingship*: "A Power Like That of the Gods". Washington: Smithsonian Institution Press, 1996.

PERROIS, L. *Fang*. Milão: 5 Continents, 2006 (Visions of Africa Series, 2).

PHILLIPS, R. B. *Representing Woman*: Sande Masquerades of the Mende of Sierra Leone. Los Angeles: UCLA Fowler Museum of Cultural History, 1995.

PLATVOET, J.; COX, J.; OLUPONA, J. (ed.). *The Study of Religions in Africa*: Past, Present and Prospects. Cambridge: Roots and Branches, 1996.

PREACHER to Hang for Sin Burnings. *British Broadcasting Corporation Online*, 11 jan. 2007.

RAY, B. C. *African Religions*: Symbol, Ritual, and Community. 2. ed. Upper Saddle River: Prentice Hall, 2000.

REYNOLDS, B. *Magic, Divination and Witchcraft among the Barotse of Northern Rhodesia*. Berkeley: University of California Press, 1963.

ROBERTS, M. N. *Luba*. Milão: 5 Continents Editions, 2007.

ROBERTS, M. N. Memory: Luba Art and the Making of History. *African Arts*, vol. 29, n. 1, p. 22-35, 101-103, 1996.

ROSCOE, J. *The Baganda*: An Account of Their Native Customs and Beliefs. Londres: MacMillan, 1911.

ROSS, M. H.; WALKER, B. K. *"On Another Day..."*: Tales Told Among the Nkundo of Zäire. Hamden: Archon, 1979.

SANDERS, T. *Beyond Bodies*: Rainmaking and Sense Making in Tanzania. Toronto: University of Toronto Press, 2008 (Anthropological Horizons Series, 32).

SETILOANE, G. M. *The Image of God among the Sotho-Tswana*. Roterdã: Balkema, 1976.

SHAW, R. Splitting Truths from Darkness: Espitemological Aspects of Temne Divination. *In*: PEEK, P. M. (ed.). *African Divination Systems*: Ways of Knowing. Bloomington: Indiana University Press, 1991, p. 137-151.

SIEBER, R.; WALKER, R. A. *African Art in the Cycle of Life*. Washington: Smithsonian Institution Press, 1988.

SIMONSE, S. *Kings of Disaster*: Dualism, Centralism and the Scapegoat King in Southeastern Sudan. Leiden: E. J. Brill, 1992.

SOMÉ, M. P. *The Healing Wisdom of Africa*: Finding Life Purpose through Nature, Ritual, and Community. Londres: Thorsons, 1999.

STEEGSTRA, M. *Resilient Rituals*: Krobo Initiation and the Politics of Culture in Ghana. Modernity and Belonging Series. Münster: Lit, 2004.

STEIGER-HAYLEY, T. T. *The Anatomy of Lango Religion and Groups*. Cambridge: Cambridge University Press, 1947.

STROEKEN, K. In Search of the Real: The Healing Contingency of Sukuma Divination. *In*: WINKELMAN, M.; PEEK, P. M. (ed.). *Di-*

vination and Healing: Potent Vision. Tucson: University of Arizona Press, 2004. p. 29-54.

STROEKEN, K. Stalking the Stalker: A Chwezi Initiation into Spirit Possession and Experiential Structure. *Journal of the Royal Anthropological Institute (N.S.)*, vol. 12, p. 785-802, 2006.

SUSSMAN, R. W.; SUSSMAN, L. K. Divination among the Sakalava of Madagascar. *In*: LONG, J. K. (ed.). *Extrasensory Ecology*: Parapsychology and Anthropology. Metuchen: Scarecrow Press, 1977. p. 271-291.

TCHERKEZOFF, S. *Dual Classification Reconsidered*: Nyamwezi Sacred Kingship and Other Examples. Tradução de Maritn Thom. Cambridge: Cambridge University Press, 1987.

THOMPSON, R. F. Face of the Gods: The Artists and Their Altars. *African Arts*, vol. 28, n. 1, p. 50-61, 1995.

TIESH, L. *Jambalaya*: The Natural Woman's Book of Personal Charms and Practical Rituals. São Francisco: Harper & Row, 1988.

TURNER, V. W. *The Lozi People of North-Western Rhodesia*. Londres: International African Institute, 1952.

VAN BINSBERGEN, W. Regional and Historical Connections of Four-Tablet Divination in Southern Africa. *Journal of Religion in Africa*, vol. 25, n. 1, p. 2-29, 1996.

VAN BREUGEL, J. W. M. *Chewa Traditional Religion*. Blantyre: Christian Literature Association in Malawi, 2001.

VAN WYK, G. Illuminated Signs. Style and Meaning in the Beadwork of the Xhosa- and Zulu Speaking Peoples. *African Arts*, vol. 36, n. 3, p. 12-33, 93-94, 2003.

VÉRIN, P.; RAJAONARIMANANA, N. Divination in Madagascar: The Antemoro Case and the Diffusion of Divination. *In*: PEEK, P. M. (ed.). *African Divination Systems*: Ways of Knowing. Bloomington: Indiana University Press, 1991, p. 53-68.

VISONÀ, M. B.; POYNOR, R.; COLE, H. M. *History of Art in Africa*. Nova York: Abrams, 2001.

WARD, M. *Voodoo Queen*: The Spirited Lives of Marie Laveau. Jackson: University Press of Mississippi, 2004.

WHYTE, S. R. Knowledge and Power in Nyole Divination. *In*: PEEK, P. M. (ed.). *African Divination Systems*: Ways of Knowing. Bloomington: Indiana University Press, 1991, p. 153-171.

WILENTZ, A. Voodoo in Haiti Today. *Grand Street*, vol. 6, n. 2, p. 105-123, 1987.

WITCHCRAFT and sorcery, African. *In*: GORING, R. (ed.). *Wordsworth Dictionary of Beliefs and Religions*. Herefordshire: Wordsworth Reference, 1992, p. 564-565.

ZUESSE, E. M. *Ritual Cosmos*: the Sanctification of Life in African Religions. Atenas: Ohio University Press, 1979.

ÍNDICE

Abimbola, Wande 18
Acã, povo 49, 103
Adegbile, Reverendo
Adelaja, Sunday 148-149
Adetunji, Lawrence 146
adversidades 23
advocacia política 143-144
África
 primeiros escritos sobre 15
 Ocidental 120-122
 Oriental 121
 Cf. tópicos específicos
África Oriental 121
Agadja, Rei 69
Agostinho, Santo 118
águas
 corpo vital das 30
 divinação das 73
 espíritos das 56
Ahmadi, seita 128
AIC. *Cf.* Igrejas Independentes Africanas
ajé (bruxa) 76
Akenzua, Obá 24
Amma 49
amuletos 122
ancestrais
 anciãos e 53

arte e 103
atingindo o *status* de 54-56
BaKongo, povo, e 56
bebês e 53
cristianismo e 57
divindade e 56-57
gêmeos e 56
Islã e 57
Ovambo e 51
quem pode se tornar 53-54
reencarnação e 55
reino humano e 52
umbeka e 93
visão geral sobre 42-43, 50-51
anciãos 53
antropomorfismo 43
Anyi, povo 103
Aquaowo, Reverendo 146
arte
 artefatos de contas 108-109
 cerimonial religiosa 104-109
 como interativa 100
 corporal 113-116
 divinatória 112-113
 Frobenius e 100-101
 ícones ancestrais 102-103
 mascaradas e 101, 105-109

173

minkisi 103-104
museus e 99-100
música e 110-112
oralidade e 110-112
performance e 110-112
tipos de 102
visão ocidental de 99-100
arte e estilo corporal
cicatrizes e 114
pintura 113
roupas e 115-116
ritos de iniciação dos Sande e 114-115
visão geral 112-114
Axante, povo 63, 115
axé (força ou poder) 49
artefatos de contas 108-109
Assembleia de Oração Cristã 150
Ashimolowo, Matthew 119
Assifu (líder do culto) 59
autoridade sagrada
autoridade secular e 62
bruxaria e 74-81
divinação e 65, 66-74, 70
feitiçaria e 74-81
reis e 62-65
tipos de 64-65, 66-67
Axum 119

baalubale (panteão de espíritos) 42
babalaô (vidente) 70
Baganda, povo 42
BaKongo, povo 30, 52
antepassados e 55-56
Bamana, povo 102
Bamba, Amadou 132

Bambara, povo 29
Bamum, povo 109
Banyanga, povo 111
Barundi, povo 110
Basari, povo 32-33
Beaufort, Condado de, Carolina do Sul 137
bebês 53
beleza feminina 114-115
Benim, Reino de 64
Zambeto, Mascarada 101
Berberes 119
Berguata, povo 122
boli, esculturas 102
bruxaria
ajé e 76
autoridade sagrada e 73-81
caça às bruxas e 58, 80
crenças comuns sobre 75-76
crianças e 136
cristianismo e 78
desigualdades socioeconômicas e 78
distinções de gênero e 76
estudantes e 79
feitiçaria em comparação com 76
indústria cinematográfica e 80
políticos e 78-79
"Quebrando a espinha dorsal da bruxaria persistente" 146
tsav e 77
visão geral sobre 74-75
buna qalla (sacrifício de grãos de café) 89

174

Bunyoro, povo 90-91
Bwa, povo 106

calendário, ritos do
  buna qalla 89
  para fazer chover 87-88
  visão geral sobre 87-88
  candomblé 137, 140
  regla de ocha, vodu e 139
cantores 110-111
capitalismo 149
cariátides, tambores de 102
carismáticos 130-131
casamento, religiões de imigrantes e 144-145
casamento, rituais de
  cerimônia e 93
  teste de virgindade e 93-94
  visão geral de 92
  zulu 92-93
cerimônia de casamento 92-93
cerveja, rituais de consumo de 94-95
Chagga, povo 38-39
"Charter Generation" 124
Chewa, povo 87, 105
cordão de contas próxima à cintura 93
ciberespaço 151
cicatrização 114
cíclico, tempo 27-29
circuncisão 85-86, 105-106
clitoridectomia 85
CMS. *Cf.* Sociedade Missionária da Igreja

códigos de conduta
  duas classes morais dos 22
  origem sobrenatural dos 23
colonialismo
  cristianismo e 126-128
  francês 128
  independência e 134
  Islã e 125-126, 128-129
  politeísmo e 57-60
Congo 123
Conrad, Joseph 13
Copa do Mundo de Futebol 24
corá 60
cosmologia
  mitos da criação e 28-35
  modelo em três camadas de 24-25
  tradições orais e 25
  iatenga 26
  zulu 100
criação, mitos da
  basari 31-33
  combustão, teoria da, e 30
  cosmologia e 28-35
  dama 37
  darfur e 36-37
  de grupos étnicos 33
  fom 31
  Ilarinkon 35
  Massai 33
  migração 35
  nkundo 33
  origem racial 34-35
  origens tribais no mundo inteiro 33-34
  Sã 29
  visão geral sobre 28
  Winye 31

Xossas 30
Yo e 29
Zulu 30
criação por combustão, teoria da 29-30
crianças de rua, 136
cristianismo
  AIC e, 129
  ancestrais e 57
  carismáticos e 130-131
  CMS e 126-128
  colonialismo e 126-128
  Congo e 123
  conflito e 56-58
  conflitos das religiões tradicionais com o 135
  cultura escrita e 110
  culturas nativas impactam no 122
  Egito e 118
  evangélico 142-143
  feitiçaria e 78
  formas radicais de 134
  igrejas etíopes e 128
  Libéria e 127
  militarização fundamentalista dentro do 133
  pentecostais e 130
  portugueses e 123
  primeiro contato com 117-118, 119s.
  religiões tradicionais e 134-135, 136
  Serra Leoa e 127-128
  tráfico de escravizados e 124-125
  vidência misturada com 67-69
  visão geral sobre 117
Crowther, Ajayi 127
culto, atividades de 59-60, 135
espiritual 140

Dama, povo 37
Darfur 36
Davis, Jeff 148
De Rop, Albert 33
Deus, Supremo
  Amma como 49
  como criador distante 49-51
  como força entre nós 46-49
  deuses, muitos, e 43
  Jok como 46-47
  Modimo como 47
  Nana Nyame como 49-50
  nomes do 45
  Nyambe como 50
  Nyasaye como 47
  Olodumarê como 50
  qualidades do 44
deuses
  como antropomórficos 43
  Deus Supremo e 43
  djinn 60-61
  gêmeos e 56
  Mawu-Lissá e 45
  visão geral sobre 42-43
diáspora, religiões da
  como microssociedades 140
  como pluralista 139
  cultos espirituais 140
  economia paralela e 140
  ênfase prática das 140
  escravidão e 139

176

política e 140-142
pontos em comum das 139
religiões tradicionais e
136-138
difusionista, visão 15
Dinca, povo 110s.
dipo (rito iniciatório Krobo)
86
divinação
 amuletos e 123
 antepassados e 55-56
 arte e 112-113
 autoridade sagrada e 64,
 67-74
 babalaô e 70
 cerimônia de casamento e 92
 da água 74
 da raposa 74
 das quatro tabuletas 72-73
 discurso e 111
 do rato 112
 estados alterados e 67
 Fa 69
 Ifá 69-72, 70
 instrumentos de 69-74
 lamuli 73
 mediúnica 65, 66-70
 métodos de 66
 mistura cultural e religiosa na
 68-69
 nkidong 67
 Pa 72
 Rei Agadja e 69
 revisão crítica de 68
 sangomas e 24
 sikidy 72-73
 textos sagrados de 69-74
 tsav e 77
djinn (espíritos feitos a partir
 do fogo) 60-61

divinação da raposa 74
divinação das quatro tabuletas
 72-73
Dogon, povo 49, 74
dominer pour servir (dominar
 para servir) 14
Duvalier, François 141

Efik, povo 105
egańrań (instrumento musical
 gongos de ferro) 111
Egito
 o cristianismo no 118
 o islamismo no 119
egúngún (mascarada iorubá)
 105
Eliade, Mircea 13
Embaixada de Deus 148-149
enterros 146
escravidão, religiões da
 diáspora e 139-140
escravista, tráfico
 cristianismo e 123-124
 islamismo e 121
escrita, cultura 110
espíritos
 como antropomórficos 43
 feitos a partir do fogo 60
 Nommo 49
 panteão de 42
 representados em
 mascaradas 105
 visão geral sobre 42-43
espirituais, cultos 140
estados alterados, divinação e
 66-68
estudantes, bruxaria e 79-80

177

etíope
  igreja 128
  prática religiosa ortodoxa 144
evangelho da prosperidade 130
Ezana, Rei 119
Ezeuko, Chukwuemeka 149

Fa, divinação 68-70
famadihana (ritual de reenterramento) 92
família, religiões de imigrantes e 145-146
Fang, povo 103
feitiçaria
  autoridade sagrada e 74-81
  bruxaria em comparação com 76
  distinções de gênero e 76
  visão geral sobre 74-75
festivais
  arte e 104-109
  Festival de Cultura e Tradição Negra 134
  Gẹ̀lẹ̀dẹ́ 106
  Iden, de 98
  Maundy, Celebração do Lava-Pés dos 97
  Oxum, de 96
Festival de Cultura e Tradição Negra 134
Fom, povo
  Mawu-Lissá e 45
  Mascarada Zambeto e 101
  mito da criação do 31
Fourah Bay College 127
francês, domínio colonial 128

franquia 149
Frobenius, Leo 100, 101
Frumêncio 119
funerários, ritos
  anúncio de morte e 89-90
  práticas mortuárias e 90-91
  reenterramento 91
  visão geral 89-90

Ga, povo 54, 90
Ga'anda, povo 102
Gẹ̀lẹ̀dẹ́
  festival 106
  tradição de mascaramento 48
gêmeos 45, 56
Guro, povo 106, 112

haenjo (padrão de beleza Mende) 114
haitiano, vodu 140-141
Hegel, Georg Wilhelm Friedrich 13
Hemba, povo 105
heróis culturais, mitos de 39-41
Hutu, violência política e 35-36

Iatenga, povo 26
Ibaditas 120
ibálẹ́ (teste de virgindade) 94
ícone ancestral 102-103
Iden, Festival de 98
Ìdòwú, Bọ́lájí 16-17
Ifá, povo 115

178

divinação e 69-72, 70
igreja. *Cf. igreja específica;
religião específica; seita
específica*
Igreja Bíblica Palavra de Fé 148
Igreja Celestial de Cristo 144
Igreja dos Santos dos Últimos Dias 151
Igrejas Independentes Africanas (AIC) 129, 130
indústria cinematográfica, bruxaria e 80
Ihanzu, povo 88
iimvuko (despertar) 95
Ila, povo 54
Ilarinkon, povo 35
Ifé, Nigéria 151
imigrantes, religiões de. *Cf.* religiões de imigrantes
iniciação feminina
  circuncisão e 85-87
  controvérsia em torno 85-86
  dipo 86-87
  sociedade Sande e 84-85
iniciação masculina
  circuncisão e 85-86
  rito da primeira caça 84
  sociedade Poro e 84-85
  tumdo 83
intselo (bebida principal) 95
Iorubá, povo 102-103, 113
  artefatos de contas entre os 108-109
  bruxas e feiticeiros e 76
  discurso divinatório e 111-112

divinação Ifá dos 70-72, 70
ęgańrań e 111
egúngún e 105
Gèlèdé, festival 106
Gèlèdé, tradição de máscaras 48
marcas corporais e 113-114
mito do herói 40
Olodumarê e 50
Ooni e 63, 66
reencarnação e 55
isibizo (preço pago pelo noivo pelas roupas da noiva) 92
Islã
  África Ocidental e 120-122
  África Oriental e 121
  ancestrais e 57
  colonialismo e 125-126, 128
  conflito e 56-57
  cultura escrita e 110
  divinação *lamuli* e 73
  domínio colonial francês e 128
  Egito e 119
  formas radicais de 134
  impacto das culturas nativas no 122
  Irmandade Mouride e 132
  lutas da religião nativa com 135
  militarização fundamentalista dentro do 133
  primeiro contato com 119
  religiões tradicionais e 134-135, 136
  seita Ahmadi de 128
  sufismo e 125-126, 131

tráfico de escravizados e 122
visão geral sobre 117
wahabismo e 133
itàn (lendas, mitos, história e contos folclóricos) 25

Jackson, Michael D. 34
Jambalaya (Teish) 138
Jibanza 33
João I, Rei 123
Jok 46
Juok 47

kalûnga (corpo vital de água) 30
Kgaga, povo 76
kidase (missa) 144
King, Reverendo Dr. 149
Kingsway, Centro Cristão Internacional 149-150
Kono, povo 106
Krobo, povo 86
Kuba, povo 109
kukumpya lutinde (corte do torrão) 88
Kuranko, povo 43

laamb (disputa de luta livre) 24
lamuli, divinação 73
Lango, povo 46
lavagem dos pés 97, 98
Laveau, Marie 141
Leeyio 37
Lega, povo 111

Libéria 126-127
Limba, povo 110
linear, tempo 27-28
lobolo (preço pago pelo noivo ao família da noiva) 92-93
Lozi, povo 50
Luba, povo 109, 112
Luo, povo 47

Maconde, povo 114
Malgaxe, povo 92
Mali 120
Mami Uata, devotos de 74
Mano, povo 107
Mansa Musa 120
Manyika, povo 53
mascaradas
  egúngún 105
  entidades espirituais representadas em 105
  erros sobre 104-108
  Gèlèdé, festival 106
  iniciação de circuncisão 105-106
  mwisi wa so'o 105
  sociedade Sande 106-108
  Zambeto 101
Massai, povo
  mitos de criação do 33, 35
  mito de origem da morte do 37-38
Matory, J. Lorand 151
Maundy, Celebração do Lava-Pés dos 97
Mawu-Lissá (deuses gêmeos) 45
Mbiti, John 16

Mbuti, pigmeus 39-40
mediúnica, divinação 65, 66-70
Mende, povo 106-107
beleza feminina e 114-115
mensageiro confuso 38
mfunde (orações pela chuva) 88
militarização fundamentalista 133
mitos. *Cf.* criação, mitos da
cerimônias e rituais e 28-29
da migração 35
da origem da morte 37-39
de heróis 39-40
de origem racial 34-35
de origens tribais 33-34
Darfur e 36-37
definição de 26-27
de herói 39-41
história e 25
Iatenga, povo 26
ìtàn e 25
Massai 37-38
tempo cíclico e 27
tempo linear e 27
tipos de 26
tradições orais e 26
violência política e 35-37
minkisi (estatutos de madeira com espelho e pregos) 103, 104
missões reversas 143
missionários
CMS 126-128
primeiros escritos sobre a África e 15
Sociedade Missionária de Londres 126

Modimo 48
Moffat, Robert 126
Mongo, povo 111
moralidade, duas classes de 22
morte 54
anúncio de 90
mitos de origem da 36-39
mortos-vivos 51-52
mortuárias, práticas 90-91
Mouride, Irmandade 132-133
mulheres 144-146
Cf. sociedade Sande
Mupun, povo 71
Mura, povo 77-78
Musa, Kankan 39
museus, ocidentais 99-100
música 110-112
Muthee, Thomas 147
Mwaghavul, povo 71
Mwindo, épico 111
mwisi wa so'o (mascarada Hemba) 105

Nana Nyame 49-50
Nandi, povo 83
Ndembu 23
Ngas, povo 71
nkidong, divinação 67
nkisi (estatuto de madeira com espelho e pregos) 103-104
Nkundo, povo 33
nomeação, cerimônias de 147
Nommo 49
Núbia 118, 119
Nyae Nyae !Kung, povo 84

181

Nyambe 50
Nyamwezi, povo 64
Nyasaye 47
Nyole, povo 68
Nzinga, Mbemba 123

Obá Adefunmi I 138
Obama, Barack 144
ocultas, atividade 135
odu (poemas de adivinhação do Ifá) 69-72, 70
Olodumarê 50-51
Ọlọ́fin, homenagem 97, 98
olójúmérìndínlógún (iluminação de dezesseis velas) 96
Ooni 63, 66
Opoku, Asare 18
orais, tradições e cosmologia e 25
oralidade 110-112
orixá (panteão de espíritos) 42
Òrìṣà-Vodu 137
Oromo, povo 114
oxô (feiticeiro) 76
Oxum 138
Oxum, Festival de 96
Ovambo, povo 51
Oyewole, Kayode 150
Oyotunji, Vilarejo 137, 138
Outro 13-14

Pa, divinação 72
Palin, Sarah 147
Parrinder, Geoffrey 16

Pentecostes 130-131
performance 110-112
pintura corporal 113
política
  feitiçaria e 78-80
  religiões da diáspora e 140-142
  Ruanda e 35-36
  violência e 35-37
politeísmo
  colonialismo e 57-60
  conflito e 56-58
Poro, sociedade 84-86
Portugueses 123

Qadiriyyah, seita 125
"Quebrando a espinha dorsal da bruxaria persistente" (folheto) 146

rato, divinação do 112
reclusão 83
reenterramento 91
reencarnação 55
regra de ocha 137
  candomblé, vodu e 139
Rei Agadja 69
reis. *Cf. reis específicos*
  autoridade sagrada e 62-65
  chuva e seca e 64-65
  desastres e 63-65
  Ooni e 63, 66
  tabus ao redor dos 62-63, 65
religião. *Cf. tópicos específicos*
religiões africanas. *Cf. tópicos específicos*

década de 1960 e 15
décadas de 1980 e 1990 e
  16-18
estudos no exterior e 16
missionários e 15
nova geração de estudiosos
  sobre 17-18
o Outro e 13-14
tradição intelectual e 14
religiões do Atlântico Negro
  151
religiões de imigrantes
advocacia política e
  143-144
capitalismo e 149-150
casamento e 145-146
cerimônias de nomeação e
  147
ciberespaço e 151
enterro e 146-147
escopo das 142
evangélicas cristãs 142-143
família e 144-146
identidades híbridas e
  151-152
lado obscuro de 149-150
mulheres e 144-145
participação da comunidade
  nas 143
serviços seculares prestados
  por 147
sociedades paralelas e
  autossuficientes e 143
visão geral sobre 141-143
religiões tradicionais
apoio institucional e 136
cristianismo e islamismo e
  134, 136
luta pela sobrevivência de
  134-136
religiões da diáspora e
  136-140
sangomas e 24
ritos da chuva 87-89
rito da primeira caça 84-85
ritos de passagem
circuncisão e 85-87
de iniciação feminina
  84-87, 105-106
de iniciação masculina
  83-86
dipo 86-87
reclusão e 83
rito da primeira caça 84
sociedades Poro e Sande e
  84-85
tumdo 83
visão geral sobre 82-84
rituais. *Cf. tb. ritos*
  específicos; rituais
  específicos
de calendário 87-90
de casamento 92-94
de enterro 89-92
de passagem 82-88,
  105-106
modernidade e 94-95
visão geral dos 82
Ruanda 35-36

Sã, povo 29
Sakalava, povo 73
Salampasu, povo 105-106
Samburu, povo 67-68
Sande, sociedade
beleza feminina e 114-115

183

iniciação feminina e 84-86
mascaradas e 106-108
sangomas (curandeiros e videntes tradicionais) 24
Sarkozy, Nicolas 13
sereia, divindade 114
Serra Leoa 127-128
Senufo, povo 102
Shembe, cerimônia em igreja 130
sikidy, divinação 73
simbi (espíritos das águas) 55-56
Sociedade Missionária da Igreja (CMS) 126-128
Sociedade Missionária de Londres 126
Socoto, Califado de 125, 128
Somé, Malidoma Patrice 138
Songai 121-122
Soto-Tsuana, povo 47
suaíli (Kiswahili), língua 122
sufismo 125, 131
Sukuma, povo 66
Sukuna-Nyamwezi, povo 54
Sundiata, épico malinês 111
Sundiata, Rei 120

tabus, reis e 62-63, 65
Tabwa, povo 102, 103, 105
Talensi, povo 58
Tarif, Salih ibn 122
Teish, Luisah 138
Tempels, Placide 16
tempo
 cíclico 27-29
 linear 27-28
Tertuliano 118
Tingoi (divindade sereia) 114
Tiv, povo 77
Tongnaab 58
Tonton Macoute 141
três camadas, modelo em 24-25
tsav (substância positiva ou negativa do coração) 77
tumdo (iniciação masculina) 83
Tumtumbolosa 29
Turner, Victor 23
Tutsi, violência política e 35-36

Ucrânia 148-149
ukuqwela (esvaziando o pote) 95
umbeka (animal representando antepassados da noiva) 93
umhlanga (caverna ou canavial) 30
umsindleko (rituais de consumo de cerveja) 94-95
União Soviética 148-149
universo, modelo de três camadas do 24-25
Unumbotte 32

vestuário 115-116
vidente, discurso do 111-112
virgindade, teste de 93-94
visões do mundo
 adversidade e 23
 classes morais e 22

modelo em três camadas e 24-25
ocidentais comparadas com
as africanas 21-22
vida diária e 24
vodu 45, 137
candomblé, regla de ocha e 139
haitiano 140-141
rainha 141

wahabismo 133
Wasa Boorana, povo 89
Winye, povo 31
wrugbe (vida após a morte) 53

xamanismo 138
xamanismo africano 138
Xossa
   artefatos de contas entre os 108-109
   mito da criação 30-31
   mito da morte 38
   rituais de consumo de cerveja entre os 94-95

Yaka, povo 67
Yo (som cósmico) 29

Zambeto, mascarada 101
Zulu, povo
   artefatos de contas 108-109
   cosmologia do 100
   mitos da criação do 30-31
   mitos de herói do 40
   rituais matrimoniais do 92-93

Coleção África e os Africanos

- *No centro da etnia – Etnias, tribalismo e Estado na África*
  Jean-Loup Amselle e Elikia M'Bokolo (orgs.)
- *Escravidão e etnias africanas nas Américas – Restaurando os elos*
  Gwendolyn Midlo Hall
- *Atlas das escravidões – Da Antiguidade até nossos dias*
  Marcel Dorigny e Bernard Gainot
- *Sair da grande noite – Ensaio sobre a África descolonizada*
  Achille Mbembe
- *África Bantu – de 3500 a.C. até o presente*
  Catherine Cymone Fourshey, Rhonda M. Gonzales e Christine Saidi
- *A invenção da África – Gnose, filosofia e a ordem do conhecimento*
  V.Y. Mudimbe
- *O poder das culturas africanas*
  Toyin Falola
- *A ideia de África*
  V.Y. Mudimbe
- *A história da África*
  Molefi Kete Asante
- *Religiões africanas*
  Jacob K. Olupọna

Conecte-se conosco:

 facebook.com/editoravozes

 @editoravozes

 @editora_vozes

 youtube.com/editoravozes

 +55 24 2233-9033

www.vozes.com.br

Conheça nossas lojas:

www.livrariavozes.com.br

Belo Horizonte – Brasília – Campinas – Cuiabá – Curitiba
Fortaleza – Juiz de Fora – Petrópolis – Recife – São Paulo

  Vozes de Bolso

EDITORA VOZES LTDA.
Rua Frei Luís, 100 – Centro – Cep 25689-900 – Petrópolis, RJ
Tel.: (24) 2233-9000 – E-mail: vendas@vozes.com.br